Gagnez en impact

Groupe Eyrolles
61, bd Saint-Germain
75240 Paris cedex 05

www.editions-eyrolles.com

Dans la même collection, chez le même éditeur :

Gilles Corcos, *Développez vos compétences émotionnelles*
Sylvie Grivel, *Être soi dans ses relations*
Daniel Hervouët, *Mener des hommes, Asseoir son autorité et sa légitimité*
Chilina Hills, *Cultivez votre charisme*

ISBN : 978-2-212-55867-8

Sandrine MEYFRET

Gagnez en impact

Développez votre charisme, votre leadership et votre influence

Deuxième édition

EYROLLES

Sommaire

Remerciements

« Ce n'est pas tant l'aide de nos amis qui nous aide que notre confiance dans cette aide. »

Épicure

Cette confiance me porte tous les jours, car les gens qui m'entourent ont été et sont d'un soutien merveilleux. Il y eut toutes ces années où j'avançais sur les réflexions que je partage avec vous aujourd'hui. Puis, il s'est agi de les révéler, de les organiser, de les mettre en forme afin de vous les offrir.

Dans cette dernière phase, qui a duré plusieurs mois, je remercie Christie Vanbremeersch pour ses relectures attentives, ses remarques judicieuses, ses suggestions pertinentes. Christie m'a poussée à approfondir pour plus de clarté et de simplicité, en se mettant toujours à la place du lecteur. Elle m'a beaucoup aidée à relever ce qui était pour moi un défi : comment écrire ce que je transmets depuis si longtemps par voie de séances individuelles ou d'ateliers ? Et merci à Élodie de m'avoir parlé de Christie.

Pendant toute cette période, Karol Von Kaenel, par sa présence à mes côtés et son aide quotidienne, m'a permis de dégager le temps dont j'avais besoin pour mener à bien ce challenge.

Je tiens à remercier aussi toutes les personnes que j'ai accompagnées vers le chemin de l'impact. Ce sont elles qui ont réclamé ce livre, qui m'ont poussée et encouragée, mes clients : dirigeants d'entreprises, managers, membres d'organisations syndicales ou associatives, ou bien participants à des séminaires comme ceux que j'anime à l'association HEC. À ce propos, merci à Alain Nebout pour sa confiance tous les ans renouvelée, au pôle carrière, et à Jean-Claude de Véra qui a toujours cru dans mon travail.

Puisque je parle de confiance dans mon travail, j'ai une pensée toute particulière pour Jacques Bely, toujours là dans mes moments de doute. Merci Jacques, tu as été précieux cette année.

Merci aussi à Axèle Lofficial, Éric Répérant, Jean-Éric Fray et Frédéric Iselin pour m'avoir accordé leur confiance à la fois amicale et professionnelle ces dernières années. Et bien sûr à Céline Fressonnet, cliente fidèle entre les fidèles, qui m'a tant de fois remerciée du chemin que nous avons parcouru ensemble, que je remercie à mon tour de tant de confiance et de sincérité.

Une femme a été particulièrement importante dans le travail de fond de ce livre : Linette Lemercier, parce que c'est elle qui m'a tout appris sur l'énergie physiologique. Chère Linette, même si nos voies se sont séparées, sachez que chaque accompagnement, chaque atelier me rappelle combien vos enseignements ont changé ma façon d'être. J'ai à cœur d'en retransmettre un peu dans le contexte des organisations pour que les managers retrouvent leur harmonie et leur impact.

À mes amis de longue date, que j'ai peu vus ces derniers temps, à mon amour, Pierre, qui a compris et géré mes angoisses, à ma fille de cœur, Gaia, pour qui je ne fus pas toujours disponible ces dernières semaines, merci pour votre patience, votre écoute, votre indéfectible soutien.

Préambule

« Le leadership, c'est l'art de faire faire à quelqu'un quelque chose que vous voulez voir fait, parce qu'il a envie de le faire. »
Eisenhower

Si c'était facile, on ne serait pas là pour en parler... La littérature professionnelle regorge d'écrits tentant d'approfondir ce qu'est le leadership, cette faculté de mener des hommes vers un objectif. Cette faculté induit assez naturellement l'engagement de personnes qui vont suivre le leader, parfois jusqu'à la mort quand celui-ci est un chef d'armée.

Du fait de l'évolution des modes de production, notamment de l'automatisation et du déploiement des nouvelles technologies, et de la croissance des activités de service, le statut de l'acteur au travail, le salarié, a changé. Il ne peut plus être un simple exécutant comme à l'époque taylorienne. Aujourd'hui, on demande au salarié de réagir, de s'adapter, de considérer les informations qu'il reçoit et d'en faire quelque chose au moment opportun. Ces informations sont multidimensionnelles du fait que la forme organisationnelle a subi une importante mutation au cours de ces dernières années : le passage de la forme pyramidale, très lisible hiérarchiquement, à la forme réseau, beaucoup moins saisissable. Ces nouvelles formes impliquent de nouveaux modes de relations, incarnés par le manager.

Le manager, qui a remplacé le chef, et qui est « directeur », « responsable » ou « chef de projet », se trouve quant à lui dans une situation des plus paradoxales. Il est coincé entre deux forces contradictoires : d'une part, des parties prenantes de plus en plus pesantes, les actionnaires, les grands patrons, ceux des holdings, les syndicats et la législation salariale, qui imposent des contraintes fortes ; d'autre part, une exigence d'autonomie qui lui demande d'être réactif, adaptable et à forte valeur ajoutée. Mais lorsqu'il reçoit ses objectifs, le « comment faire » n'est jamais précisé, ni dans quelles limites. La vision est souvent lointaine, et il doit l'adapter à son quotidien et à celui de ses équipes.

La compétitivité accrue, la multitude de l'offre et la formation mondialisée des cadres rendent difficile la différenciation et incitent les entreprises à une course à l'innovation de plus en plus effrénée. Cette course oblige les entreprises à davantage de créativité, davantage de réactivité, davantage de remise en question stratégique. Cette course s'appuie nécessairement sur des hommes et des femmes engagés, motivés, donc impliqués, et ce, quel que soit leur niveau.

Pour répondre à une telle complexité, le livre que vous tenez entre les mains s'adresse à tous ceux qui, dans des fonctions d'encadrement, de management ou de dirigeance, se posent la question du leadership comme « l'art de faire faire à quelqu'un quelque chose, parce qu'il a envie de le faire ».

Mais comment atteindre le double objectif que nous donne ce cher Eisenhower ? « Faire faire à quelqu'un quelque chose » : on voit bien de quoi il parle car diriger dans une entreprise implique de faire faire à d'autres, notamment à des subordonnés. C'est déjà plus difficile quand il s'agit de managers qui sont au même niveau hiérarchique ou quand il faut « faire faire » à des supérieurs. Pareillement, le « parce qu'il a envie de le faire » soulève de multiples interrogations. Cette envie est-elle nécessaire dans une relation de travail ? De quoi parle-t-on ? Comment ça marche, l'envie ? Et y a-t-il une relation entre l'implication et l'envie ?

Ces questions ne sont pas simples et nous ne prétendons pas apporter de réponses simples. Une personne choisit de s'impliquer ou pas, et elle reste maîtresse de ses envies. Cela signifie-t-il que nous n'avons aucun levier ? Pouvons-nous suffisamment l'impacter pour infléchir ses choix ?

C'est la réflexion que nous vous proposons au fil des pages qui vont suivre : comment trouver en vous le chemin de l'impact ? Chaque individu porte en lui-même la faculté d'influencer par son comportement et sa communication le chemin des personnes avec lesquelles il est en relation, et plus particulièrement celles avec lesquelles il travaille.

Il ne s'agit pas vraiment d'une théorie mais bien plutôt de pistes à suivre qui vous aideront à accomplir vos missions dans un monde économique de plus en plus pressé et paradoxal. L'ensemble de ces pistes crée une méthode pour gagner en impact. Cette méthode a fait ses preuves auprès de personnes qui l'ont appliquée totalement ou en partie dans leur vie professionnelle et parfois personnelle.

Cette méthode parle de ce que nous sommes, de ce que nous voulons être, de choix, d'éthique aussi. Elle va vous demander de l'introspection, de vous poser des questions que vous ne vous êtes peut-être jamais posées sur votre mission, votre place dans l'entreprise, votre besoin de leadership, votre façon de manager, votre parole, et surtout sur votre... désir.

Désirez-vous avoir de l'impact ? Si oui, sachez que vous venez juste de commencer à travailler.

Introduction à la nouvelle édition

Quand on termine un livre, on voudrait aussitôt le réécrire. La réédition vous met devant le même dilemme et pourtant il ne s'agit pas de réécrire, mais de corriger, préciser, voire développer. Or, ce n'est pas si simple de repartir de ce qui a déjà été couché sur le papier quelques années auparavant.

Je me suis donc concentrée sur un aspect qui me semblait manquer pour le lecteur dans un ouvrage sur le leadership et l'impact. Pour aider le lecteur à gagner en impact, il me semble important que je précise ce que j'entends par leadership et notamment par leadership paradoxal. J'ai donc souhaité rajouter un chapitre sur ce sujet. Il s'agit de positionner le leadership paradoxal dans son contexte et de lui donner ses caractéristiques majeures.

D'autre part, j'ai incorporé dans l'ouvrage des flashcodes ou des adresses internet vous permettant de découvrir ou d'approfondir un thème sous un angle dynamique, notamment grâce à la vidéo. Le site sur lequel vous allez vous rendre (www.gagnezenimpact.fr) sera enrichi au fil du temps avec, notamment, des questions qui me seront posées par vous, lecteurs, ou par les participants à mes ateliers ou sessions individuelles.

Le leadership et l'impact, indissociables selon moi, sont des sujets majeurs dans un monde qui va de plus en plus vite pour les organisations de demain, mais aussi pour les individus qui souhaitent rester acteurs de leur vie. Même si ce livre d'adresse à tous ceux qui ont ou vont avoir des fonctions d'encadrement ou de management, il peut être lu par tous ceux qui souhaitent travailler sur leur leadership et leur charisme tout simplement pour leur développement personnel.

Chapitre 1

Sur une île déserte, vous n'auriez pas besoin d'impact

« Rien ne peut être fait dans la solitude. »
Pablo Picasso

Sur une île déserte, vous n'auriez pas besoin d'impacter... En fait, ce n'est pas si sûr car, pour assurer votre survie, peut-être auriez-vous besoin de construire un abri, de faire du feu et de chercher de la nourriture, donc d'« impacter » la nature. Mais même si la nature n'est pas docile, votre besoin d'impact n'est pas de même type lorsque vous êtes au milieu d'autres humains dont vous êtes le manager. Dans ce cadre, la question de l'impact devient fondamentale.

Pourquoi l'impact est-il si fondamental quand nous devons gérer des personnes humaines ? Quel sens cela a-t-il dans une fonction de management aujourd'hui ? Être un « bon manager » suffit-il ? Quelles questions pose le management sur ce que l'on attend de nos collaborateurs en termes d'implication et de motivation ? Qu'est-ce qui fait la différence entre un manager lambda et un autre, celui pour qui les équipes « lécheraient par terre » ? Peut-on apprendre à avoir de l'impact ? Et vous, êtes-vous capable d'impacter pour être plus qu'un « bon manager » ?

L'HISTOIRE DU MANAGER QUI AURAIT VOULU MANAGER SUR UNE ÎLE DÉSERTE

« Ce serait tellement plus simple si j'étais seul dans ce service et que je ne travaillais qu'avec des prestataires extérieurs », s'écrie Luc. Il vient de recevoir un appel de son président. Dix personnes sur quinze du service dont Luc a la responsabilité sont en arrêt maladie. Le président lui a fait part de ses interrogations. Luc est un professionnel reconnu. Il a lancé l'an dernier la toute nouvelle berline de luxe de ce constructeur automobile. Toute la profession a salué la réussite de ce lancement. Mais cela semble déjà loin...

La semaine suivant l'appel téléphonique, et malgré cette magnifique réussite qui continue de rejaillir sur le groupe, Luc est licencié sans ménagement. Il est effondré...

Luc est en train de faire le triste constat qu'être un bon professionnel ne suffit pas. Ou ne suffit plus... ? Rappelons-nous le temps où l'expérience professionnelle, la grande technicité, le savoir étaient reconnus comme la garantie d'une carrière brillante. On pouvait alors avoir « un sale caractère », « être carré » avec ses collaborateurs. On pouvait arriver à une réunion avec un plan d'actions, le dérouler devant ses équipes et « ça roulait ». Ah, le bonheur de ce temps-là ! Pour être manager, il suffisait d'être bon dans son métier, et hop, c'était la promotion ! Une pincée d'humanité par là, un peu de paternalisme là-dessus, et on devenait un bon manager, respecté, écouté, accompagné d'une « bonne équipe qui faisait bien son boulot ».

MAIS VOILÀ, QUELQUES CRISES PLUS TARD, ÊTRE UN BON MANAGER, ÇA NE SUFFIT PLUS !

Depuis 1973, les différentes crises économiques avec leur cohorte de licenciements à tous les niveaux et leurs dépôts de bilan ont mis fin au principe de stabilité. Le mot « carrière », qui désignait la progression continue dans une même entreprise, a laissé place aux mots « flexibilité », « employabilité », « réactivité », « adaptabilité », « remise en question », « repositionnement », « doutes », et surtout à des périodes de « transition », terme inventé pour remplacer celui trop douloureux de « chômage ».

Depuis trente ans, les enfants, qui ont vu leurs parents se faire licencier après vingt ans de bons et loyaux services et avoir du mal à retrouver un emploi, ont compris que l'entreprise était un monde mouvant, qui défendait ses intérêts avant tout et parfois au détriment des leurs. Avec la mondialisation et le développement extrêmement rapide d'Internet, le monde du travail est devenu un gigantesque réseau. L'entreprise ne sécurise plus les parcours. La loyauté et la fidélité, qui étaient des réponses au sentiment de sécurité qu'apportait l'entreprise dans la vie de l'individu, ont laissé place à la prudence, à un regard distancié, et parfois même à une profonde méfiance.

C'est d'autant plus le cas pour les jeunes nés entre la fin des années 1970 et la fin des années 1990. On les appelle la génération Y : ils sont nés avec une télécommande dans la main, représentent 20 % de la population française et sont maintenant dans les organisations. Ils ont toujours un CV à jour et les sites d'emploi dans leurs favoris Internet. Ils arrivent dans les entreprises avec le sentiment d'avoir davantage de droits que de devoirs et une farouche détermination à préserver leur équilibre entre vie privée et vie professionnelle. En même temps, ils sont prêts à s'investir dans un job qui a du sens, et sont réputés créatifs et multitâches. De l'avis de tous, ils ne sont pas faciles à manager : ils se caractérisent par leur individualisme et leur impatience car ils veulent tout tout de suite !

D'une manière plus générale, la légitimité ne se crée plus par les diplômes, ni même par l'expérience. Écoutons Isabelle, quarante ans, quinze ans d'expérience dans son métier, directrice de la communication dans une start-up de biotechnologie :

« Quand j'ai pris mon poste au sein de cette start-up, j'ai sous-estimé le temps que cela me prendrait de devenir légitime auprès de mon équipe. Ce fut la croix et la bannière car, à mon arrivée, l'équipe, composée de collaborateurs de moins de trente ans, fonctionnait en direct avec le dirigeant de l'entreprise. Ils ne comprenaient pas que je puisse ne pas être d'accord avec leur point de vue, le discuter, voire l'invalider. Ils tenaient

leur légitimité du fait qu'ils étaient là avant et qu'ils connaissaient mieux que moi l'organisation et le produit. Je n'ai pas compris tout de suite ce qui se passait car, pour moi, la question ne se posait pas : d'une part, je remplaçais plutôt le dirigeant qui souhaitait se dessaisir de la fonction communication, et d'autre part, j'avais été embauchée pour relever le niveau de compétences et mon expérience sur le sujet en était la garantie. Mais devant eux, je devais refaire mes preuves ! »

L'autorité non plus n'est plus une chose acquise, à part chez certains très grands patrons, qui peuvent se permettre encore de donner des ordres, de virer en un tour de main, de décider depuis leur tour d'ivoire. Le manager ou le cadre dirigeant d'un grand groupe n'est généralement pas dans cette configuration et son autorité n'est pas établie de fait. Il doit se justifier, mettre en place des procédures, surtout dans le cas de sanctions ou de réprimandes. Quant aux licenciements, ils sont tellement réglementés qu'à partir du moment où le collaborateur fait juste ce qu'il faut au regard de la loi, il ne sera pas facile de le remplacer. Dans les structures plus petites, si un collaborateur ne suit plus les directives, la situation devient rapidement pénible pour les parties en présence, ce qui rejaillit tout aussi rapidement sur l'ensemble de la structure.

Le manager se retrouve devant un bon nombre de difficultés liées à la société qui évolue à une vitesse folle. Sa position à lui, cadre dirigeant, entre autonomie et contrôle, le place dans une situation des plus inconfortables. Il est comme ballotté dans un système impossible à maîtriser. Ce qui n'a pas changé, en revanche, c'est qu'on continue à lui demander de « performer », d'avoir des résultats, d'atteindre des objectifs ambitieux.

DANS L'ENTREPRISE, ON A BESOIN DES GENS ET DU MEILLEUR D'EUX-MÊMES

Pour atteindre ses objectifs, le manager doit s'appuyer sur les personnes qui l'entourent. S'il les ignore, il risque de finir comme Luc, balayé en quelques semaines malgré sa forte implication et ses excellents résultats. L'entreprise commence sa lente mutation, celle où les présidents ne se contentent pas de recevoir des résultats financiers. Ils sont pris de panique devant une lettre de la médecine du travail ou traînés devant les tribunaux à titre personnel dans des cas de suicide. D'autres comprennent tout simplement qu'on ne peut plus atteindre les résultats financiers sans se préoccuper des gens qui y contribuent.

Les organisations ont besoin que leurs collaborateurs effectuent leurs tâches mais pas seulement, car ce n'est pas la simple exécution qui rend l'entreprise plus innovante, plus rapide, plus efficace.

« On estime à quatre millions d'euros ce que nous a coûté le comportement "juste" un peu négligent de nos collaborateurs cette année : un contrat envoyé quelques jours trop tard, le rappel tardif de certains clients, l'exécution trop lente des contrats vers la distribution, un manque de réflexion avant action… Ces quatre millions d'euros sont "juste" ce qui nous a manqué pour atteindre nos objectifs de rentabilité », confie Blanche, directrice générale d'une filiale française d'un groupe européen spécialisé dans les produits d'entretien.

On a donc besoin des gens, mais au-delà même de la tâche comprimée dans un temps de travail donné, leur implication se joue : ce qui fait que leur travail ne se résume pas en un ensemble d'actions répétitives et sclérosées, même si parfois cela semble le cas. Leur capacité de réaction face à un événement imprévu, l'analyse d'une situation qui leur permettra un comportement adapté, l'attention qu'ils vont porter à leurs actes quotidiens déterminent la potentialité d'une organisation, quelle que soit sa taille, à s'adapter à l'évolution de la demande des consommateurs, à la concurrence accrue sur des marchés mondialisés, à l'émergence de nouveaux producteurs de biens et de services de plus en plus compétitifs et armés technologiquement.

Le manager d'aujourd'hui doit savoir et comprendre qu'il ne peut pas se contenter d'être un donneur d'ordres, encore moins le père d'une bande de grands enfants. Le manager d'aujourd'hui doit faire mais surtout faire faire à des personnes des

tâches avec l'idée qu'ils le feront de leur mieux. C'est le « mieux » qui donne à l'entreprise la possibilité de progresser, d'innover et de croître à long terme.

L'ENGAGEMENT NE VA PAS DE SOI, MÊME DANS LES JOBS « SYMPAS »

Le manager d'aujourd'hui a-t-il été préparé à faire faire à d'autres ? Et à faire faire mieux ?

Notre Luc, qui vient d'être licencié malgré son lancement spectaculaire, est-il un olibrius qui n'a rien compris ? Il a quarante-sept ans, il n'en est pas à sa première expérience professionnelle. Il a plutôt bien réussi jusqu'à présent. Sauf qu'auparavant, il a travaillé dans le design, milieu où les gens viennent travailler par passion. C'est le milieu des agences : celui où on ne rentre que si on en a vraiment envie, car dès le départ, la sélection des collaborateurs se fait par la motivation.

La motivation se définit par l'engagement de la personne. Elle se manifeste par le déploiement de son énergie qui peut se traduire par de l'enthousiasme, de l'assiduité, de la persévérance, de l'intérêt, la recherche du « mieux faire » justement. Les gens motivés ne comptent ni leurs heures ni l'énergie qu'ils mettent dans l'objet de leur motivation. Ainsi, les collaborateurs des agences de design et des métiers liés à la création en règle générale s'adonnent à leur métier avec enthousiasme et savent, dès le départ, que cet engagement personnel va leur être demandé. C'est aussi ce qu'ils recherchent.

Luc a fait la première partie de sa carrière dans cet univers. Et dans cet univers, il fut un manager apprécié et reconnu. Quand il a été sollicité pour intégrer un grand groupe industriel, il ne s'est pas posé la question de l'engagement de ses équipes. Pour Luc, l'engagement va de soi : « Mais que leur faut-il de plus ? Ils ont tout : un job sympa et intéressant, des missions à valeur ajoutée, un très bon salaire, un cadre de bureau agréable, un bon distributeur de boissons, des RTT à n'en plus finir, le choix des dates de vacances. Et en plus, ils se plaignent ! Je n'ai jamais connu ça auparavant. »

N'avez-vous pas parfois ressenti la même incompréhension que Luc face à des collaborateurs ? Allez, ne trichez pas, nous sommes entre nous...

COMMENT FAIRE FAIRE... ET FAIRE ENSEMBLE ?

D'une part, si Luc n'est pas un cas exceptionnel, c'est parce que la culture du résultat nous a été inculquée jeune. Souvenez-vous : à l'école, on vous a rarement demandé comment vous étiez parvenu à apprendre votre poésie ou à trouver la solution du problème de robinet ! Quand vous réussissiez, vous aviez une bonne note, point final. Les quelques fois où vous avez dû travailler en équipe, pour préparer un exposé par exemple, la note était basée sur le savoir collecté et non sur le fonctionnement du travail en commun. Ce n'est que bien plus tard que ces notions ont été prises en considération, et plutôt dans les écoles de commerce. *Quid* des autres cursus ?

D'autre part, lorsqu'on vous a demandé de faire des exposés, l'appréciation de ceux-ci reposait sur le savoir acquis, l'aspect laborieux et documenté, le fait que vous aviez travaillé. Mais qui se soucie de l'objectif de transmission, de compréhension, voire de ce que les élèves écoutants pourraient faire après l'écoute de cet exposé ? Ne peut-on pas imaginer qu'après un exposé historique, les élèves aillent d'eux-mêmes au musée, que la consultation des encyclopédies en ligne, de la part des élèves de la classe, explose après un exposé de géographie ? Vous pensez que je rêve ?

Notre culture française est une culture du savoir et du résultat. La question du « comment » ne se pose pas naturellement à nous. Quand elle se pose, elle est plutôt individuelle que collective. « Comment faire ensemble » d'une part, et surtout, pour ce qui nous préoccupe, « comment faire faire à un groupe dans lequel je suis partie prenante » sont des questions peu, voire pas du tout, abordées dans les premières années de notre vie.

> **Et pourtant, je ne rêve pas : c'est bien la question essentielle de la vie professionnelle qui s'annonce, à moins de décider de vivre sur une île déserte. Notamment dans le monde de l'entreprise, mais aussi dans toutes les organisations collectives (collectivités locales, hôpitaux, institutions, etc.), l'interaction est constitutive du système. Être en interaction, cela induit une action réciproque qui suppose la relation ou la mise en contact des gens entre eux. L'entreprise n'est ni une somme d'individus indépendants ni un groupe de clones en ordre de marche. Ce sont des êtres humains, différents les uns des autres à tout point de vue, qui doivent faire ensemble, c'est-à-dire développer une compétence collective qui va aboutir à un résultat vendable et achetable par un consommateur ou une autre organisation humaine.**

Cette responsabilité requiert une grande énergie de la part de chacun, managers et non-managers. On peut se demander, à ce propos, comment ces différentes énergies s'impactent mutuellement et si elles sont de la même nature, comment l'une rejaillit sur l'autre, et inversement. En tout état de cause, le manager encadre le non-manager pour accomplir sa mission et au-delà, pour qu'il déploie son énergie le plus possible et au mieux.

Le bon manager doit donc entraîner les membres de son équipe vers la motivation qui va générer cette énergie. La motivation engendre de l'implication dans son travail. Cette implication est une conséquence : celle, entre autres, d'un travail du manager qui prend en charge à bras-le-corps de sa mission d'entraîner vers plus de motivation. Bien sûr, la motivation de l'autre ne dépend pas uniquement de lui, n'empêche, le manager a une grande responsabilité. De fait, il y a des gens qui arrivent facilement à entraîner les autres : on les appelle des leaders.

Alors que le management est la science du savoir-faire (définir des objectifs, planifier, gérer son temps et celui des autres, définir des priorités, faire des tableaux de bord, décider, donner de la vision à ses collaborateurs et délivrer du résultat), l'une des caractéristiques du leadership est de faire faire des actes à d'autres personnes sans que cela semble difficile ni pour les autres, ni pour lui. On dit que le leader remporte durablement l'adhésion des personnes qui l'entourent.

DEVENIR UN LEADER, C'EST FAIRE FAIRE QUELQUE CHOSE À QUELQU'UN PARCE QU'IL A ENVIE DE LE FAIRE

Dans toutes les techniques développées pour apprendre à être un leader, on réfléchit à son comportement. Ainsi, le leader doit énoncer clairement ses objectifs, et s'il ne sait pas tout faire, il sait comment faire pour les atteindre. Un bon leader sait s'entourer, puis il sait écouter ses équipes, les mettre en situation de réussite, et les faire grandir. C'est aussi un bon communicant, qui sait partager l'information et donner les bons arguments. J'oublie probablement d'autres éléments tout aussi essentiels du comportement idéal pour devenir à coup sûr un leader.

Ces règles sont connues, mais il est rarement fait mention de la raison pour laquelle on doit faire tout cela et pourquoi cela fonctionne. Pourtant, je pense qu'on fait mieux les choses quand on comprend profondément pourquoi on les fait.

On a coutume d'entendre que les gens font ce qu'on attend d'eux quand ils en retirent une satisfaction. Cette satisfaction peut être de plusieurs ordres. Comme le souligne la pyramide de Maslow, elle dépend du niveau de satisfaction des besoins primaires. Plus on monte dans la pyramide de Maslow, plus les besoins satisfaits sont d'ordre psychologique. Néanmoins, même si on ne souffre pas de la faim, on prend beaucoup de plaisir à manger un délicieux gâteau, ou à déguster un morceau de bon chocolat. Et on peut avoir envie de ce gâteau ou de ce chocolat sans avoir faim parce qu'on présuppose le plaisir qu'on va retirer de cette dégustation. Cette envie va nous pousser à rentrer dans la pâtisserie pour acheter le gâteau. Cela ne veut pas dire, d'ailleurs, que nous aimerons ensuite le gâteau, ni qu'on sera heureux de l'avoir mangé. Mais l'envie et l'espoir d'en retirer un plaisir vont nous pousser à rentrer dans la pâtisserie et notre désir nous pousse à l'achat.

De la même manière, nos collaborateurs ont envie ou non de faire ce qu'on leur propose ou demande de faire. Cette envie les poussera à réaliser la tâche avec cœur, à s'impliquer réellement dans ce qu'ils font. C'est cette envie-là, poussée par le désir, que le leader doit déclencher. Toutes les clés ne sont au service que de l'envie à déclencher. La vraie question est : comment moi, manager, je peux déclencher l'envie de mes collaborateurs à s'engager dans les actions que j'attends d'eux ?

Cela ne veut pas dire qu'étant motivé, le bonheur est assuré. Scientifiquement, personne n'a jamais pu prouver que la motivation était reliée à la satisfaction. Il est impossible de certifier que plus les gens sont satisfaits, plus ils sont motivés. Mais nous constatons que les personnes motivées ont le désir et l'envie d'aller au-delà de la tâche à accomplir.

Et si on donnait au leadership cette capacité à déclencher l'envie chez l'autre de nous suivre ? D'aucuns parlent de charisme, terme qu'on a toujours du mal à définir et qui se situe entre la capacité à séduire, à fasciner, à influencer et à entraîner des gens derrière soi sans toujours une raison objective.

Pour tous, il y a quelque chose de mystérieux et de presque magique : « Je ne sais pas comment fait Caroline, me confiait, avec envie, Marine, directrice générale d'une filiale d'un grand groupe dans les cosmétiques en me parlant de sa directrice marketing, mais son équipe lécherait par terre pour elle. J'aimerais bien savoir faire ça… » Défini de cette façon, le leadership associé au charisme, et leurs conséquences, ne semblent pas très rationnels. Caroline a un impact fort sur ses collaborateurs, à tel point qu'ils lui sont très « dévoués ». Caroline et Marine ont toutes les deux le même type de management, qu'on pourrait décrire comme plutôt participatif. Néanmoins, Caroline a plus d'impact sur ses collaborateurs que Marine. D'où vient cette différence ?

DU LEADERSHIP À L'IMPACT : UN CHEMIN DYNAMIQUE

L'impact désigne habituellement le choc d'un projectile. Le mot « impact » signifie ici qu'on touche quelque chose et qu'il en découle autre chose. Cet impact est relié à la question du leadership : pour mener les hommes, il faut les toucher et c'est ce choc qui provoque leur adhésion ou leurs actions.

Les membres de l'équipe de Caroline ont été touchés par certains côtés de Caroline. Peut-être est-ce par son comportement, sa manière d'être ou de communiquer. Ces éléments sont difficiles à identifier pour Marine, mais Alain, qui vient d'être nommé directeur juridique dans un grand groupe de conseil, nous donne une piste : il appelle cela la « posture », expression qu'il relie naturellement à l'impact et au leadership.

Alain a trente-six ans. Quand il est nommé directeur juridique, il trouve une équipe composée d'une quarantaine de collaborateurs sur trois pays, plus préoccupés par leurs loisirs que par leurs missions. Ce n'est pas qu'ils ne travaillent pas, c'est qu'ils lui paraissent « peu motivés » et « pas très disciplinés ». Il n'y a aucune remise en question du fonctionnement, qui n'est pourtant pas perçu comme satisfaisant aux yeux des clients internes de ce service fonctionnel.

« L'organisation de mon service n'était pas top, et en plus, je trouvais que ce que nous produisions n'avait pas beaucoup de valeur ajoutée. J'ai commencé par initier des ateliers de travail avec mes collaborateurs pour faire participer tout le monde à une réflexion autour de ces deux questions : « Comment s'organiser mieux ? Qu'apporter de plus à l'entreprise ? » Puis, j'ai présenté une recommandation au président, et après acceptation, j'ai créé des groupes de travail transversaux sur ces thèmes. J'ai aussi travaillé sur moi-même car il était nécessaire de montrer du leadership. De l'engagement, il pouvait y en avoir, mais il y avait un historique à gérer. Il y avait aussi beaucoup de résistances au changement. Il fallait que je leur donne envie de changer car ils n'aiment pas les contraintes et certaines des règles de discipline que j'ai voulu imposer ont fait long feu. C'est la raison pour laquelle j'ai souhaité travailler sur ma posture, et notamment sur mon impact. »

Le mot « posture » est beaucoup employé dans le domaine professionnel lorsqu'on parle de formation ou d'accompagnement des personnes. Ainsi, on parle de la « posture du coach ». Dans ce cadre, la posture est l'objet d'une réflexion et d'une construction volontaire, à la différence de la posture dans son sens physique et mécanique. Votre corps adopte des postures en tenant compte de différents paramètres complexes. Ainsi, l'être humain peut se maintenir debout, lutter contre la gravité, s'opposer aux forces extérieures (le vent, la pluie, etc.), s'équilibrer, se guider, et tout cela de façon parfaitement automatique. C'est néanmoins le fruit d'une coordination complexe entre des récepteurs (tactiles, visuels, auditifs, etc.) et notre cerveau. Dans tous les cas, la posture est toujours une construction et un maintien actif de celle-ci afin d'affronter des stimulations et de se préparer à y réagir.

Si être charismatique et impactant relève de la posture, cela signifie que s'ouvre devant nous le chemin dynamique de quelque chose à construire et à maintenir activement. La posture du manager ? La posture du leader ? Les deux ? À voir... En tout cas, cette élaboration vise à être indispensable pour donner envie à des personnes de se mettre en mouvement. Intéressant, non ? Voyons cela de plus près...

ÊTRE UN LEADER, C'EST AVOIR DE L'IMPACT ET DU CHARISME, TOUT LE TEMPS, SANS LE SAVOIR

S'il en croit son patron, Marc manque d'envergure pour être tout à fait l'homme de la situation dans son nouveau poste de responsable technique monde au sein d'un groupe d'assurances. Pourtant, Marc, cinquante et un ans, issu d'une prestigieuse école d'ingénieur, est un homme d'expérience. Mais il va devoir peser sur les décisions du comité stratégique du groupe qui donne les grandes orientations dans tous les domaines d'activité. Pour arriver à se faire entendre, son supérieur explique à Marc qu'il doit travailler son charisme, son comportement en réunion, sa prise de parole et son leadership. Marc n'a pas assez d'impact sur les autres pour les amener à prendre aisément des décisions dans le sens de ses projets. Mais comment s'y prendre ?

Visiblement, Marc est considéré dans son entreprise comme un bon manager. Ses compétences sont reconnues mais sa capacité à influencer et à faire bouger ne sont pas à la hauteur de ses futures responsabilités. Pour autant, on lui propose de travailler ce manque au travers d'un accompagnement au leadership. Il va pouvoir apprendre à être un leader et par là même, grandir en charisme et en impact.

Les organisations font souvent le lien entre leadership et charisme et il semble acquis, pour beaucoup d'entreprises, que l'un ne va pas sans l'autre. Certaines proposent ainsi à leurs managers de devenir des leaders et d'apprendre à devenir charismatiques.

Mais cela s'apprend-il, le charisme ? Comment gagner en impact ?

Pendant longtemps, je me suis posé la question de savoir si on naît leader ou non, si le charisme est une qualité innée ou non. Pour beaucoup de gens, c'est inné, sinon c'est fichu. Dès l'enfance, certains ont l'étoffe des leaders et d'autres non : dans la cour de récréation, il y a ceux qui sont toujours chefs et que tout le monde suit quasi aveuglément. Sauf que des fois, un autre veut aussi devenir chef et rallie à sa cause une partie de la bande. Et puis, il y a les éternels suiveurs qui semblent voués à rester des moutons à vie. Est-ce une fatalité ?

POURTANT, BÉBÉ, VOUS EXERCIEZ UNE RÉELLE CAPACITÉ D'INFLUENCE…

Bien avant la cour de récréation, le tout-petit a une capacité d'influer sur tout ce qui tourne autour de lui. On peut même dire qu'il a beaucoup d'impact et que, sans l'usage de la parole, il sait faire tourner le monde qui se trouve à sa portée. L'affect qui est en jeu et la responsabilité des parents y sont pour quelque chose et ils sont touchés dans leur envie de faire bien. Mais il n'y a pas que sur ses parents que l'enfant a de l'impact. Il y a cette dame qui se retourne pour sourire au bébé, ce monsieur qui le regarde du coin de l'œil tout en travaillant sur son ordinateur dans le train, cette petite fille qui lui tend un bonbon alors qu'elle ne le connaît pas, cette jeune femme qui soupire quand elle s'aperçoit qu'elle a un bébé à côté dans l'avion et qui lui offrira bientôt la cuillère dont elle ne se sert pas pour tourner son café… D'ailleurs, cet impact peut aussi avoir des conséquences négatives : cette façon de tout obtenir excède certains adultes qui se mettent en colère, jalousent leurs propres enfants, se vengent sur eux parfois avec violence ou agressivité. Mais, dans la grande majorité des cas, le tout-petit sait profiter de son impact pour exprimer ses propres désirs et avoir satisfaction.

Nul doute que nous avons *tous* en nous la possibilité d'influencer les autres et de les impacter. Notre éducation, notre environnement, notre personnalité ont permis de cultiver ou de développer cette possibilité, ou bien ils l'ont mise sous le boisseau. Ainsi, la faculté d'inciter l'autre à faire un acte peut être incorporée à un savoir-faire à développer à partir de ce que l'on est, et notamment à partir de notre « naturalité » à pouvoir influencer l'autre dès la naissance. Cela dépend aussi d'un choix personnel : celui de vouloir impacter sur l'autre ou pas.

C'est une vraie question car elle induit deux conséquences :

– D'une part, la capacité à influencer l'autre et à l'impacter est associée à la notion de pouvoir. À l'échelle individuelle, le mot « pouvoir » désigne la capacité de faire : « Je peux. » C'est un moteur positif qui responsabilise celui qui le dit. À l'échelle collective, toutes les formes sociales de pouvoir exercent une grande fascination sur les individus. Ils succombent souvent à l'illusion de puissance parce que leur fonction leur permet de prendre des décisions. Cela génère une malheureuse confusion entre le pouvoir et la puissance.

  En ce qui concerne notre sujet, le pouvoir de faire faire est limité par la nécessaire acceptation de l'autre, et surtout, par son contexte. La division du travail, les échanges professionnels, la complexité des systèmes exigent que des personnes exercent un pouvoir, au service de tous, en fonction de leurs capacités et de leurs responsabilités.

  En ce sens, le pouvoir n'appartient à personne : il n'est que la capacité d'agir pour le bien commun, ce qui exclut, en droit et en fait, toute utilisation arbitraire. La confusion, par certains leaders, du pouvoir et de la puissance génère un détournement du pouvoir à leur profit, avec pour conséquence la domination, le harcèlement, la discrimination... Ce n'est pas notre propos.

– D'autre part, le charisme, l'impact, et par voie de conséquence le leadership, impliquent une responsabilité : celle de ne pas faire faire n'importe quoi aux gens que nous gérons ou que nous influençons. C'est une responsabilité éthique qui va de pair avec notre responsabilité par rapport à l'organisation qui nous emploie. Notre impact, nous en sommes responsables. Nous avons donc à nous préoccuper des conséquences de ces facultés lorsque nous les utilisons.

Avoir de l'impact relève d'un choix qui se fait en conscience et implique une responsabilité. Ce n'est pas une décision à prendre à la légère car nous allons devoir gérer notre impact afin qu'il ne devienne ni du harcèlement moral, ni de l'abus de pouvoir.

AVOIR DE L'IMPACT, CELA SE GÈRE

Nous pouvons apprendre à accroître notre impact et décider de devenir un leader à plein temps ou pas. Nous ne sommes pas pour autant obligés d'être un leader dans tous les aspects de notre vie.

François, directeur général d'une agence de pub, est reconnu par son équipe comme un leader et pourtant, quand il joue au foot le dimanche matin, il n'est pas capitaine mais gardien de but. Il « repose » en quelque sorte son leadership, et c'est un choix de sa part.

Être un leader ne veut pas forcément dire que nous avons une équipe à gérer : cela signifie plutôt qu'on a quelque chose ou quelqu'un à impacter pour que quelque chose bouge. Le leadership s'acquiert dans le désir d'être un acteur des événements.

Cela est donc pour tout le monde et à la portée de tous. C'est ce qu'on appelle le « *personal* leadership ».

Pour en savoir plus sur le *personal* leadership :

www.gagnezenimpact.com/nos-videos/personal-leadership

Le leadership pour tous : le cas ADP.

www.gagnezenimpact.com/nos-videos/leadership-pour-tous-cas-adp

Les outils ne sont rien sans cette arme secrète qui est notre propre désir que quelque chose se produise et sans la conscience que l'autre doit aussi avoir envie que se produise ce quelque chose.

À travers la rencontre de ces deux consciences, on peut gérer son impact : construire des stratégies qui évolueront en fonction des circonstances, des publics, des situations, des lieux et même de l'évolution de la société. Pour cela, dans l'entreprise, nous avons deux terrains de jeux :

- notre propre comportement de manager qui devient celui d'un leader[1] ;
- notre communication au quotidien qui devient impactante.

Parce que vous ne managez pas sur une île déserte, que la société et vos collaborateurs ont changé dans leur rapport à l'entreprise, que vous avez besoin de l'implication de toutes les parties prenantes dans les projets que vous déployez, pensez à changer de posture et devenez un leader, celui qui impacte au point de faire agir l'autre parce qu'il en a envie !

Cette proposition vous tente ? Cela vous paraît magique ? Et pourtant, l'impact, ça se travaille...

1. Ou plus précisément celui d'un manager-leader, comme nous le verrons dans le chapitre suivant, le chapitre 2 : « Comprendre et impacter le système ».

Chapitre 2

Comprendre et impacter le système

« La bonne marche harmonique d'un système d'hommes exige que chacun ne soit ni inférieur ni supérieur à sa tâche. »
Paul Valéry

Certes, vous ne vivez pas sur une île déserte : vous managez des gens dans un système organisé pour produire des biens ou des services et qui a ses lois et ses objectifs propres. C'est un système complexe, vivant, qu'il est nécessaire de comprendre dans ses fondements si on veut pouvoir s'y mouvoir à notre aise et y trouver notre place.

Ce chapitre a pour objectif de vous y aider. Peut-être, après l'avoir lu, regarderez-vous votre contrat de travail d'un autre œil : contrat explicite, contrat implicite, quelle est votre mission dans cette organisation ? Il est temps de se demander si cette mission non définie précisément, mais bien réelle, vous convient. L'accepter, vous la réapproprier, ou la refuser les yeux grands ouverts.

Parce que vous ne managez pas sur une île déserte, que la société et vos collaborateurs ont changé dans leur rapport à l'entreprise, que vous avez besoin de l'implication de toutes les parties prenantes dans les projets que vous déployez, vous avez maintenant envie de changer de posture et de devenir un leader, celui qui impacte au point de faire agir. Mais être un leader, ne serait-ce pas trop ? Est-ce bien ce que le système vous demande ? Ne s'agit-il pas plutôt d'être un leader *par rapport* à vos équipes, à votre mission, et donc d'user de leadership de façon circonscrite ? D'être, en quelque sorte, un « manager-leader » ?

Et si tel est l'objet de votre présence dans votre organisation, après vous être interrogé sur les règles dites et non dites de l'organisation à l'intérieur de laquelle vous œuvrez, comment remettre à la bonne place ce qui est de l'ordre de votre mission et de l'ordre de votre ego ? Comment comprendre votre réelle place dans le système et devenir un manager-leader ?

Bienvenue dans le ventre de la baleine !

CONTRAT EXPLICITE, CONTRAT IMPLICITE : MARIEZ-VOUS EN TOUTE CONNAISSANCE DE CAUSE

Qu'on soit dirigeant ou manager dans un service, la vie en entreprise est une vie qui a ses règles et ses fonctionnements propres. Cette vie est structurée par le contrat passé entre l'organisation et l'individu. Ce contrat peut paraître simple : il s'agit de pourvoir à une fonction. Au mieux, le contrat stipule le titre, l'activité attendue, quelques objectifs et l'énumération de tâches à accomplir. Au pire, le titre et quelques lignes sur l'activité et l'objectif font l'affaire. Mais attention, dans tous les cas, ce qui semble simple recèle de nombreuses subtilités et une large part de non-dit !

Pourtant, dans l'entreprise, le manager représente, à chaque instant de sa journée, le contrat explicite et implicite qu'il a passé avec l'entreprise. Ce qui veut dire que, dans sa vie quotidienne au travail, le manager incarne le contrat dans ces décisions mais aussi dans ses comportements, dans ses paroles, dans ses écrits quels qu'ils soient, même ceux qui paraissent les plus anodins.

Le contrat explicite donne une mission qui correspond à une fonction. Celle-ci est reliée à un savoir et à des compétences plus ou moins éprouvées par l'expérience. Ainsi, pour assurer la fonction de la finance, l'entreprise cherche une compétence dans ce domaine : un directeur financier a, dans la plupart des cas, un savoir de comptabilité ou de gestion financière.

Le contrat implicite passé avec vous, quant à lui, concerne tout ce qu'on attend de vous sans vous l'exprimer clairement. Ainsi, si une personne doit animer une équipe, on va lui demander si elle a de l'expérience dans l'animation d'une équipe. Par exemple, le futur directeur financier va expliquer qu'il a déjà managé, ce qui ne garantit en rien ses résultats en la matière ni la manière dont il s'y prend !

> **La plupart du temps, l'entreprise n'est pas claire sur ses attentes en termes d'animation d'équipes ou de management humain et elle n'exprime rien de ce qu'elle attend de vous précisément. Elle n'a pas fait l'effort de réfléchir à ce que « manager une équipe » signifie pour elle :**
> - **Quel type de management lui paraît le plus conforme à ses valeurs ?**
> - **Quel est le management le plus efficace dans son univers d'intervention ?**
> - **Quel est celui qui est le plus apte à conduire l'entreprise vers ses objectifs ?**
> - **Qu'est-ce qu'elle attend de vous en termes de comportement par rapport à l'implication de vos équipes ?**

Dans les organisations, généralement, il y a autant de réponses à ces questions que de managers. Celui qui arrive va devoir se débrouiller seul avec son idée sur la question et son expérience, et d'ailleurs, bien souvent, il ne pose pas la question d'une improbable culture managériale de l'entreprise. Quand vous arrivez dans une nouvelle entreprise, vous devez deviner si vous avez été choisi pour perpétrer quelque chose d'existant mais de non exprimé, ou au contraire pour faire bouger quelque chose, comme ce fut le cas pour notre Luc. Pratique, non ? La boule de cristal est-elle fournie avec le matériel de bureau ?

Luc a découvert un peu tard le contrat implicite de son contrat de travail lorsqu'il a été licencié. « Vous êtes un excellent professionnel mais vous êtes nul en relationnel », lui a dit son président, en lui expliquant que ce qui vaut pour ses équipes vaut aussi pour les pairs dans l'entreprise.

Rappelons-nous, Luc a été embauché parce qu'il est reconnu comme un excellent professionnel du design et d'ailleurs, lors du lancement de la berline de luxe de ce constructeur automobile, toute la profession a salué la qualité du travail réalisé. Luc connaît bien son métier, le design, et a de la valeur ajoutée. Il fait en sorte que les tâches soient exécutées par les membres de son équipe et il obtient des résultats. Il élabore le plan stratégique et, une fois que ce plan est validé par le président, « on fait ». Les résultats sont atteints mais dix personnes sur quinze de son service se sont mis en arrêt maladie, en même temps, après ce fameux lancement. Le président a reçu une lettre de la médecine du travail parlant de stress et de harcèlement. C'est alors que son président ne parle plus à Luc de sa réussite métier, ni de ses résultats mais de son relationnel déficient avec les personnes autour de lui. Pour la première fois, le président évoque le « comment », la manière dont on atteint les objectifs. Des résultats oui, mais pas à n'importe quel prix ! Il n'en a jamais parlé avant ce jour où, en même temps, il lui annonce que toute son équipe s'est plaint de la façon dont Luc les manage, et que malheureusement, cela a atteint de telles proportions qu'il préfère se passer de son savoir-faire…

Quand il a été embauché, on l'a questionné sur ses capacités de manager. Luc était à l'aise avec cette question car dans l'agence de design pour laquelle il travaillait, ses équipes bossaient d'arrache-pied et jour et nuit s'il le fallait. Luc a juste oublié qu'il venait de changer d'univers et que les règles, elles aussi, avaient changé. Dans un milieu industriel, le système de référence n'est pas le même que dans une agence liée à la création. Les modes de fonctionnement, d'organisation, les process répondent à d'autres règles. Luc a toujours considéré la motivation comme allant de soi dans les métiers de la création. Il découvre, à ses dépens, que la motivation n'est pas toujours liée à un métier. Celle-ci n'est pas liée non plus aux conditions de travail. Luc s'étonne : « Ils arrivent à 9 h le matin, tranquilles, ils prennent une heure et demie pour déjeuner, et sont à 18 h 30 maximum dans le métro pour rentrer chez eux. Ils sont dans des bureaux sympas, sont bien payés et les projets sont vraiment intéressants. » Il ne comprend pas pourquoi ses collaborateurs ne sont pas plus stimulés et il considère qu'il n'a rien à voir là-dedans. Ils sont là depuis longtemps, ils sont dans une sorte de routine, de confort et de sécurité qui les rend, de son point de vue, « inconscients et irresponsables ».

Quand il est arrivé, Luc n'a pourtant pas foncé tête baissée pour atteindre les objectifs de sa mission. Il a organisé des réunions avec l'équipe pour mieux la comprendre. Malheureusement, tout s'est passé comme s'il n'avait pas compris le contrat implicite qui le liait à son employeur. Très vite, Luc s'est centré sur son métier, faisant le focus sur les objectifs liés à celui-ci. Et il a fait l'impasse sur le reste : ce que vivaient ses collaborateurs...

« J'AI MIS UN TEMPS FOU À COMPRENDRE... »

Luc n'a pas été choisi par hasard par son employeur. Il vient du monde des agences, réputées pour leur savoir-faire, leur créativité et leur dynamisme. Afin d'encourager l'innovation et la compétitivité, l'entreprise a souhaité intégrer dans son système un nouveau profil. Elle l'a choisi issu d'un autre système, répondant parfaitement à ces nouveaux critères qui paraissaient comme essentiels à l'instant T. Ni l'entreprise, lors de cette embauche, ni le nouveau manager n'ont anticipé ce que signifiait pour ce nouvel arrivant le changement de système dans le cadre de sa mission. Il s'agit de bien plus que d'un simple changement de culture ! Un étranger qui arrive dans un nouveau pays n'aurait qu'à observer et à adopter les rites, us et coutumes de cette nouvelle culture pour s'y fondre. Luc n'a pas été choisi pour se fondre mais bel et bien pour apporter quelque chose de nouveau dont l'entreprise a besoin pour se développer et rester compétitive. L'une de ses responsabilités importantes est d'insuffler un savoir nouveau, mais on ne lui demande pas de changer le système. Or, Luc et son patron n'ont jamais abordé clairement avant la rupture cette partie de sa mission pour en définir le but, les contours et les contraintes.

Dans ce contrat implicite, rien n'est vraiment dit, tout est sous-entendu. Mais est-ce bien clair pour toutes les parties ? La fin brutale du contrat de travail témoigne que non. Luc pense avoir trouvé un super job dans un groupe qui croit en lui et qui va lui permettre de déployer tout le savoir-faire de son métier. L'entreprise pense avoir trouvé la perle rare qui va dynamiser son approche créative. Et l'un et l'autre oublient de déterminer les contours d'un contrat qui marient la carpe et le lapin.

Vous avez le sentiment que cet exemple est exceptionnel et qu'il ne concerne que les cas où l'entreprise et le collaborateur sont issus de systèmes différents ?

Je rencontre Elsa à une soirée. Elle a environ trente-cinq ans et travaille au sein d'une banque, la même depuis sa sortie de HEC. Elle parle de ses patrons avec dépit, m'expliquant à quel point ils ne sont pas de bons managers à ses yeux : « Les managers ne font pas leur travail. C'est difficile d'être motivés car nous devons nous débrouiller tout seuls et nous auto-motiver. Ils restent dans la tâche à faire, ils n'ont rien compris à leur rôle. Nous, nous nous sentons seuls, isolés. On ne peut rien leur dire, ils ne comprendraient pas. En fait, ils ne comprennent rien à leur mission. »

Jean-Marc, quarante-huit ans, patron d'un service de comptabilité dans un grand groupe lié à l'eau, dix-sept ans de maison : « Je voudrais évoluer, j'ai de super résultats, mais j'ai mis un temps fou à comprendre que, pour progresser dans cette boîte, il fallait que je développe mon réseau. J'ai cru longtemps que mes résultats suffisaient et personne ne m'a dit le contraire. Mon boss ne m'a jamais transmis quoi que ce soit. Personne ne m'a donné les règles de la maison. En fait, la hiérarchie se fiche complètement de ce qu'on pense. »

Maryse, directrice européenne de la communication d'un lessivier à l'implantation mondiale : « Personne ne m'avait prévenue : revenir d'une expatriation, c'est terrible. Et pourtant, en Allemagne, j'ai fait du super boulot aux côtés d'une équipe internationale, mais je n'ai pas compris ce qu'on attendait de moi à mon retour en France, dans mes nouvelles fonctions. En plus, je trouve qu'on ne peut plus manager maintenant comme il y a ne serait-ce que dix ans. Cela devient un vrai métier, le management, et personne ne nous donne les clés ! C'est comme si c'était un deuxième job, mais on se sent perdu ! Le monde a changé, les collaborateurs ont changé. On n'a pas les clés et tout le monde fait semblant de croire que tout va bien. »

Claire, jeune responsable RH dans un groupe d'assurance : « Les enquêtes d'engagement ne cessent de chuter au niveau des résultats, et pourtant, les managers n'ont pas changé. Ils mettent en place des actions : des réunions pour échanger autour de cette problématique où chacun prend des engagements sur le coup, mais ils ont du mal à percevoir que leur fonctionnement est à revoir et que ce qui marchait autrefois ne marche plus aujourd'hui. Ils sont très opérationnels et ne conçoivent leur métier que dans l'urgence. Personne ne prend du recul mais il y a un vrai problème par rapport à ce qu'on attend d'eux. En réalité, ce n'est pas clair, surtout pour ceux qui sont là depuis longtemps. »

François, vingt-huit ans, patron d'une PME dans les nouvelles technologies de la communication : « Je ne comprends pas : le challenge est passionnant et il me semblait qu'avec mes collaborateurs, nous étions dans le même bateau. Je me suis consacré entièrement au commercial, ce qui est ma partie, en me disant que chacun était responsable. J'ai dû me rendre à l'évidence : il y a quelque chose que je ne sais pas faire. Je me suis rendu compte que, quand je ne suis pas là, ils se parlent entre eux, se plaignent. J'ai même surpris des CV dans le photocopieur. Moi qui pensais que tout allait bien ! »

Écoutez ce qui se dit autour de vous : combien de personnes se plaignent de leur management ? Et vous, que pensez-vous de la façon dont vous êtes managé ? Bienheureux si vous en êtes satisfait ! Sinon, qu'est-ce que cela vous apprend ? Que transmettent ces témoignages ?

Sans conteste, qu'il y a quelque chose que le manager n'a pas perçu comme faisant partie de sa mission. Les managers ont le sentiment d'une incompréhension dans leur rôle, les managés leur reprochent un manque. Tout le monde se plaint, sans vraiment savoir de quoi. Il manque quelque chose, c'est certain. Ce manque devient crucial, et pourtant, lors des recrutements, des changements de poste, des définitions de poste, personne n'en parle car personne ne sait traduire en mots ce que les systèmes attendent de leurs managers aujourd'hui.

> **Qu'est-ce au juste, ce je-ne-sais-quoi qui manque ? Que devez-vous comprendre dans le contrat implicite ? Quand vous acceptez un poste de manager, à quoi vous engagez-vous exactement ?**

ACCEPTER SA MISSION : AU FAIT, QU'EST-CE QUE JE FAIS LÀ ?

L'histoire de Luc le démontre, les témoignages sont nombreux et votre propre expérience y fait peut-être écho : dans le monde d'aujourd'hui, la compétence métier n'est plus la qualité nécessaire et suffisante. Que vous soyez le meilleur dans votre spécialité ou un excellent généraliste reconnu pour votre technicité, votre créativité, votre sens de la négociation commerciale, votre capacité d'organisation ou de planification, votre ingéniosité, votre flair des tendances, ou même l'étendue de votre réseau, les organisations attendent de vous quelque chose de plus. Ces qualités sont nécessaires mais non suffisantes.

On attend de vous, en plus de votre savoir-faire, que vous soyez « relationnel », que vous sachiez « animer une équipe », que vous « génériez de l'engagement ». On attend de vous que vous soyez à même de faire faire à quelqu'un quelque chose que vous ou l'organisation veut voir fait, parce qu'il a envie de le faire. L'organisation attend que vous soyez des leaders !

Évident ?... Hum, pas si sûr. Car cela voudrait dire que vous devriez travailler tout ce qui fait de vous un leader. Or, quand on parle de leadership, on intègre généralement une notion supplémentaire.

> **On appelle leader celui qui met toute sa force et toute son énergie dans une action à laquelle il croit. Le leader s'efforce d'avoir une prise sur certains événements, il cherche à être au cœur de l'action et à prendre part à sa destinée. Il peut même se lancer dans une épreuve de force, quitte à y aller seul, pour être dans l'action et influer sur elle. Dans le mot « leadership », il y a la conduite des hommes mais aussi la faculté de mener ses projets à bien coûte que coûte, une énergie féroce, que rien ne fait plier, une autorité qui décide, organise, définit les méthodes. Bref, un leader est un décideur.**

Combien y a-t-il de décideurs dans les organisations aujourd'hui ? En faites-vous partie ? Si oui, vous avez tout intérêt à travailler votre leadership dans le sens plein et entier du terme ! « Avoir de l'impact » en fait partie et ce qui suit vous concerne aussi, mais vous devrez également réfléchir à d'autres qualités à cultiver pour accroître votre leadership.

Mais si vous n'avez pas pour mission de changer l'organisation dans votre entreprise, ni d'avoir un poids sur toutes les décisions de l'organisation, alors vous devez être conscient des limites de votre leadership pour l'appliquer à bon escient, sous peine de vous faire sortir du système ou d'être écrasé par lui. Il y a des décisions que vous ne pouvez pas prendre, des gestes d'autorité que vous ne pouvez pas avoir. Vous avez des rouages à respecter et vous êtes dépendant d'autres managers qui sont dans le même cas que vous.

> **Le contrat implicite vous force à vous positionner par rapport à l'équipe : il s'agit de vous gérer vous-même et de gérer les autres. Il faut aussi, et c'est fondamental, gérer l'interdépendance de toutes les parties du système. On ne vous demande donc pas d'être un leader dans le sens plein du terme, mais d'être un manager-leader, ce qui est bien différent, croyez-moi !**

DEVENEZ UN MANAGER-LEADER

Le manager-leader use d'un leadership limité : en ce sens, il s'agit d'un leadership paradoxal. Pas vraiment aisé ! Le manager-leader doit surveiller l'étendue de son leadership, le circonscrire et rester vigilant sur ses limites. Les parties prenantes, les actionnaires, les patrons veillent et les process ont été créés pour placer des garde-fous. C'est ainsi qu'on se retrouve avec des organisations où il faut au moins trois signatures pour acquérir un stylo alors que, dans le même temps, on s'attend à ce que les managers aient une capacité de réaction immédiate et autonome à la moindre crise !

Tous les systèmes ont développé des attentes, des règles, des relations qui leur sont propres. De la même façon que chaque humain est unique, chaque système est unique. Il s'est autorégulé autour de consensus qui permettent le développement de sa propre intelligence collective. Rien n'est écrit, ou si peu...

Pour devenir un manager-leader, il vous est nécessaire d'observer et d'analyser le système dans lequel vous évoluez. Vous devez circonscrire votre leadership. C'est la raison pour laquelle vous devez rester conscient de ce qu'être un manager-leader implique pour vous et pour les autres : vous êtes un gestionnaire de l'interdépendance, un garant du fonctionnement du système que vous devez avoir compris sous peine de vous disloquer, d'être disloqué ou d'être accusé de disloquer les autres.

Néanmoins, le système attend de vous que vous gériez ceux qui sont sous votre hiérarchie et que cela se passe bien. Cette jolie formule signifie que les gens ne doivent pas se plaindre de vous et qu'ils doivent être impliqués dans leur job. Pour eux, vous êtes un leader parce que vous allez les mener vers l'objectif et ils vont avoir envie d'y aller !

D'autre part, vous devez aussi développer une capacité à influencer vos pairs et vos supérieurs, sans que votre attitude soit perçue comme autoritaire ou trop bousculante. Là, vous devenez charismatique ! Et de la même façon, ils vont vous écouter, voire vous suivre dans vos projets ou vos points de vue parce qu'ils en ont envie !

Bref, devenir un manager-leader, c'est équilibrer sa mission entre ses objectifs à réaliser, son leadership par rapport à son équipe et son charisme avec ses pairs. Vous y parviendrez grâce à l'analyse et à la compréhension du système dans lequel vous évoluez. On y va ?

COMPRENDRE LE SYSTÈME : BIENVENUE DANS LE VENTRE DE LA BALEINE

Le système existe. Il préexiste même. Mais en même temps, il n'existe pas, il n'a pas de réalité concrète : il est composé d'hommes et de femmes qui changent tout le temps, de process qui changent aussi, d'organisation en refonte permanente. C'est son paradoxe à lui : il existe sans nous mais il n'existe pas sans nous. C'est à en devenir fou, non ? Il est créé pour l'être humain et en même temps, il s'en moque, il continue de tourner, bon an, mal an.

Mais le système n'est pas *nous*. Nous sommes des humains complets en dehors de lui. Il nous demande juste d'être souples, en phase avec notre être, mais aussi clairs sur notre fonction « d'outils au service d'une mission ». Cette compréhension permet de vivre dans l'entreprise avec du recul. Cette prise de distance est nécessaire lors de toutes les mutations dans lesquelles l'entreprise ne manquera pas de nous entraîner. Et cela nous évitera peut-être de sombrer dans la folie qui se traduit, dans les entreprises, par le stress et la dépression.

Olivier, associé dans un groupe de conseil, résume cet état : « Comprendre que le système nous permet de prendre du recul par rapport aux accrochages, frustrations et déceptions qui sont notre lot quotidien. En ce moment, dans ma boîte, nous vivons des changements organisationnels et culturels d'envergure. Beaucoup de mes collègues en souffrent parce qu'ils prennent tout cela de façon très personnelle. Ils pensent qu'on leur retire des responsabilités. En réalité, la réorganisation ne se fait pas contre des personnes, mais pour servir l'entreprise. Eh oui, il faut aussi avoir l'humilité de comprendre que les décisions ne sont pas prises pour nous faire plaisir. »

Olivier est exceptionnel dans son détachement, sa lucidité... et son humilité ! Humilité, un mot magique : voilà la qualité première du manager-leader, et pourtant, on n'en parle pas souvent. C'est notre humilité qui va faire taire l'ego qui nous empêche de travailler sur nous-même pour être en phase avec la mission. Cette humilité permet d'appréhender la mission implicite avec la sérénité nécessaire aux questionnements et à l'analyse.

Quand le manager-leader comprend que sa place dans l'entreprise ne relève pas d'une question strictement personnelle mais qu'on lui demande de remplir une mission, il tourne son esprit, son intelligence émotionnelle et sa capacité d'analyse vers cette mission en évacuant une très grande quantité de stress. Essayez, vous serez surpris ! C'est en effet notre ego qui nous stresse.

Pour en savoir plus sur l'intelligence émotionnelle :

www.gagnezenimpact.com/nos-videos/lintelligence-emotionnelle

Comprendre le système est un acte d'humilité qui place le manager-leader au service de l'entreprise. Il ne s'agit pas de devenir un autre, ni un esclave de l'entreprise, mais de devenir un stratège au service de sa mission. L'être humain que vous êtes peut travailler sur tous ces possibles et devenir un manager-leader qui fait faire quelque chose à quelqu'un parce que celui-ci en a envie. Il peut alors s'aider du modèle AIDA[1] et assumer sa fonction avec ce qu'il est, ce qu'il a à défendre et ses enjeux, tout en considérant l'autre dans sa différence, son intégrité et ses difficultés.

Le manager-leader est là, devant cet autre, parce qu'il a accepté une mission explicite et une mission implicite qui vont permettre de clarifier son intention : ce qu'il veut réaliser, lui, dans ce cadre. Il ne s'agit pas encore de définir des objectifs de type « augmenter la notoriété, le chiffre d'affaires ou la marge », mais bel et bien, pour lui, de clarifier une intention en ce qui concerne le leadership par rapport à ce que l'organisation attend de lui.

DÉFINIR SON INTENTION : SOUDAIN, UNE LUEUR...

Le manager-leader n'a pas la science infuse : il réfléchit. C'est un joueur de golf qui, après avoir étudié le terrain, le sens du vent, le jeu de son partenaire, la qualité de la série avec laquelle il joue, la distance qui le sépare de l'objectif final, définit sa posture (tiens, la revoilà !), choisit le bon fer et mesure son geste en fonction de l'impact qu'il veut avoir. Vous pouvez aussi décider de construire une stratégie à long terme pour impacter non seulement en termes d'objectifs atteints, mais aussi le système, pour le rendre moins agressif, moins stressant pour les individus, moins pénible à vivre au quotidien et lui donner du sens.

1. Vous découvrirez ce modèle au chapitre 4 : « Le modèle AIDA pour gagner en impact ».

Être un manager-leader demande de la discipline, de l'observation, de l'écoute et de l'analyse. À partir de ces qualités qui permettent une réflexion nécessaire, il peut se définir en tant qu'acteur du système :

- Ai-je envie d'être un manager-leader ?
- Si oui, qu'est-ce que cela implique ? Dans mon comportement ? Dans la relation que j'ai avec mes collaborateurs ? Avec mes pairs ? Avec ma hiérarchie ?
- Qu'attendent de moi tous ces autres ? Comment puis-je le savoir ?
- Qu'attendent-ils de leur travail ? Et moi ? Est-ce de même nature ? Avons-nous en commun le besoin d'être reconnus, remerciés ? Avons-nous le même désir de participer à quelque chose de commun ? Comment cela influence-t-il notre quotidien ?

Les réponses à ces questions nous permettent de mettre au clair notre intention profonde, c'est-à-dire ce que l'ont veut être dans le cadre de notre vie professionnelle. Cette clarté d'intention est un point d'attache, un référent puissant, un axe autour duquel tourner sans perdre la tête. C'est aussi une base solide pour travailler son impact. Comment peut-on impacter l'autre si on n'est pas soi-même solide ? A-t-on déjà vu un lanceur de javelot chancelant sur ses jambes réussir un lancer ?

TROUVER SA PLACE DANS LE SYSTÈME

Quand je rencontre Lise, je la trouve triste. Lise a trente-sept ans, elle est consultante senior dans un cabinet de conseil et ses supérieurs souhaitent qu'elle travaille son impact à la fois sur les clients et sur ses équipes.

Pendant nos premières séances, Lise prend conscience qu'elle se pose des questions sur sa légitimité et sur sa crédibilité dans sa fonction. Par exemple, elle trouve que son savoir-faire est loin d'être au niveau de celui attendu et développé par le cabinet de conseil qui l'emploie. Pourtant, personne ne lui a jamais fait de remarque à ce sujet. Elle manage une équipe de huit personnes qui l'ont précédée dans cette organisation et qui disposent de tout le savoir-faire nécessaire.

La question de sa légitimité et d'autres du même type sont personnelles : si l'organisation s'était posé ces questions, Lise n'aurait pas accédé à ce niveau de responsabilité. Son cabinet ne lui a pas proposé une formation liée à un savoir-faire, donc liée à ces questions qui l'empêchent d'être à l'aise dans son quotidien professionnel, mais plutôt liée à sa capacité d'impacter ses clients et ses collaborateurs.

En revanche, quand je lui demande de définir précisément sa mission dans l'organisation, Lise se rend compte qu'elle a du mal à répondre. Elle n'a jamais réfléchi aux deux versants de sa mission : l'explicite et l'implicite.

Jusqu'à présent, elle pensait qu'elle avait une très grande responsabilité dans la recherche et l'analyse des problématiques des clients. Quand nous creusons, nous observons que cette responsabilité peut être largement partagée avec les membres de son équipe, qui détiennent en plus le savoir-faire du cabinet. En revanche, une responsabilité lui incombe personnellement quand elle se retrouve devant un client et qu'elle doit lui « donner confiance » afin que celui-ci achète les conseils et les idées contenus dans les recommandations. Quelque chose d'elle doit se donner là. Mais justement, cette chose est empêchée par les questions personnelles qu'elle se posait elle-même jusqu'à présent, avec son ego qui s'interposait, alors que jamais l'entreprise ne l'avait remise en question.

Prenant conscience de cette mission par rapport aux clients, nous redessinons les contours de sa mission avec ses équipes, car l'un ne va pas sans l'autre. En fait, nous définissons comment Lise peut devenir un manager-leader afin de pousser ses équipes vers toujours plus d'action : elles doivent notamment produire des recommandations de plus en plus pertinentes et un soutien concernant le savoir-faire qui lui fait encore défaut. Nous nous posons la question de la façon dont elle va pouvoir leur donner envie d'aller plus loin.

Pendant cette phase, la question de sa propre envie surgit :

« Je n'ai plus envie, j'ai perdu mon désir, dit-elle. Pourtant, j'ai choisi ce métier parce que cela m'intéressait. J'aime bien travailler sur des problèmes qui paraissent insolubles et qui font interagir de nombreux paramètres. Je ne maîtrise pas tout mais en fait, on ne me demande pas de tout maîtriser, juste de convaincre un client qu'on a trouvé la bonne solution. Dans le cabinet, nous sommes super forts, et nos solutions, j'y crois. Comme je n'ai pas la technicité, je ne me sens pas crédible. Je viens de réaliser que mon désir était d'être crédible, moi, et non la société que je représente. Alors qu'en fait, je suis crédible parce que je représente une boîte crédible et bien rodée ! »

Dans l'analyse de son désir, Lise peut remettre à sa place ce qui est de l'ordre de sa mission dans l'entreprise et ce qui est de l'ordre de son ego mal placé. Elle comprend où elle doit porter son attention et son intérêt dans le cadre de ce qu'attend l'organisation la concernant. Elle doit aussi se poser la question de son intention en tant qu'acteur responsable de son cabinet. Quel manager-leader Lise a-t-elle envie d'être ? Qu'est-ce que cela implique pour elle, dans son comportement et dans les relations qu'elle développe avec les collaborateurs du cabinet ?

Il s'agit, je le rappelle, de ne pas se confondre avec l'organisation que nous représentons mais de se poser les bonnes questions par rapport à sa mission et à sa place dans le système.

Pour résumer, la réflexion autour du contrat implicite que vous avez passé avec l'organisation vous amène à vous poser la question de ce que celle-ci attend de ses managers. Chaque organisation pose des réponses différentes autour d'un point commun que nous avons relevé comme un paradoxe. On peut même dire que c'est un défi dans votre mission : attention à ce qu'on attend de vous en termes de leadership. Il s'agit sûrement d'un leadership paradoxal. Observez de façon attentive le système dans lequel vous vous trouvez et posez-vous en garant de l'interdépendance et de la relation.

L'humilité est une clé qui permet la dissociation nécessaire et soulage l'ego. Alors, soyez humble : votre action se situe dans le cadre d'une mission, et vous devez en devenir le stratège. Être un acteur impactant du système demande de la réflexion et de la discipline. Vous y verrez ainsi plus clair sur votre intention. L'analyse sincère de votre désir vous aidera à remettre en place ce qui est de l'ordre de votre mission et ce qui est de l'ordre de votre ego. Cet incroyable quatuor « intention-désir-ego-mission » est une clé fondamentale pour trouver sa place dans le système une fois que vous avez analysé celui-ci.

Ayant éclairci votre place dans le ventre de la baleine, nous pouvons creuser ensemble ce qu'implique ce fameux leadership paradoxal. Histoire de ne pas se tromper de leadership !

Chapitre 3

Devenez un leader « paradoxal » : le leadership d'un nouveau type

« Ce qui est aujourd'hui un paradoxe pour nous sera pour la postérité la vérité démontrée. »
Denis Diderot

Le monde change. Et ce, de plus en plus vite. Jamais, dans l'histoire, nous n'avons vécu de tels bouleversements en aussi peu de temps, que ce soit en termes de reconfiguration géopolitique, économique, ou dans les structures mêmes de nos sociétés, dans la famille par exemple, où les changements de rôles sociaux influent profondément et durablement sur nos sociétés. La société change, les gens changent. Ils sont informés, surinformés. Ils exercent plus facilement leur droit à la parole. Ils ne se laissent plus commander comme de simples enfants. Dans les organisations, ils ont le choix : se cantonner à faire leur tâche ou faire plus. Faire plus, ce n'est pas forcément faire plus d'heures, mais c'est faire mieux !

Devant cette situation, tout le monde s'accorde : l'émergence d'un nouveau modèle de leadership devient une priorité absolue. Dans une enquête réalisée en 2013 par la société Deloitte, 84 % des dirigeants interrogés estiment qu'un nouveau modèle de leadership est important dans un environnement mouvant où les modèles traditionnels ne sont plus adaptés.

L'ÉMERGENCE D'UN NOUVEAU MODÈLE DE LEADERSHIP : UNE PRIORITÉ ABSOLUE

Grégoire est directeur d'un centre de service partagé finance dans un grand groupe de sidérurgie, organisé par type de métier. Pour créer ce centre en France, il y a deux ans, Grégoire a dû déployer une énergie très importante, car ce centre changeait de profondes habitudes dans le groupe. Pour mener à bien la construction de ce nouveau service, il avait dû embaucher beaucoup de personnes. Dans le cadre de ses objectifs de performance, Grégoire avait commencé un accompagnement au changement ayant pour objectif de partager une vision, une feuille de route et une définition de la performance avec tous les managers et les collaborateurs de l'entreprise. Pendant ce processus, une réorganisation globale du groupe a été décidée et le centre de Grégoire a été intégré à la partie France et rattaché au service financier. Un déménagement a aussi eu lieu, qui a poussé certains collaborateurs à quitter l'entreprise pour cause de trop grand éloignement de leur domicile. Cette nouvelle réorganisation a beaucoup affecté les managers et les collaborateurs qui sont restés. Il en découle une mauvaise ambiance et des performances qui ne sont plus au rendez-vous. Grégoire souhaiterait recommencer un processus d'accompagnement au changement, car il sent bien que les gens ne vont pas bien et que les performances sont le résultat de ce très grand malaise. Lui-même d'ailleurs ne sait plus très bien ce qu'il va devenir. Le hic, c'est que son nouveau patron, directeur financier du groupe, ne parle qu'en termes de résultats financiers et part du principe que les gens sont là pour travailler et faire la tâche qu'on leur demande. Comme l'activité dans ce service est plutôt de type mécaniste, ce patron est ainsi plus préoccupé par de futurs gains d'économie que par la situation actuelle de l'équipe qui pourtant manifeste des signes probants de « ras-le-bol ». Il est sourd à tout projet lié à l'humain. Sourd et aveugle à un mal-être qui ne fait que croître dans une équipe dont, pourtant, on attend qu'elle produise des résultats très concrets.

Comment ce type de situation est-il encore possible ? Parce qu'il existe encore des patrons qui ne perçoivent pas que leur rôle a changé devant un monde qui évolue. Ils n'ont pas perçu que l'engagement des personnes est nécessaire dans une organisation et, cela, quelle que soit la tâche... même si elle paraît mécanique !

LE TRYPTIQUE DE L'ENGAGEMENT : UNE RELATION À TROIS

Dans cette relation d'échanges, quels sont les grands rôles ?

LA PERSONNE ELLE-MÊME ET SA *MOTIVATION*

Comme nous l'avons déjà dit, la motivation se manifeste par le déploiement d'une énergie qui peut se traduire par de l'enthousiasme, de l'assiduité, de la persévérance, de l'intérêt, du sérieux, la recherche du « mieux faire ».

Les très nombreuses recherches et théories sur la motivation nous ont surtout appris que c'est une variable très personnelle qui est le produit de plusieurs facteurs (ce qui induit que si un des facteurs est égal à zéro, le résultat est lui aussi égal à zéro).

Partant de la première des motivations selon Taylor (la rémunération et le contrôle), je vous invite à découvrir, dans une littérature foisonnante, la théorie des besoins (celle de Maslow est la plus connue), le modèle de Herzberg sur les facteurs de satisfaction et d'insatisfaction, les modèles cognitifs qui présentent comme leviers de motivation les perceptions de l'avantage, le point de vue de Locke, qui part du principe que la difficulté stimule, et que la nature et le but sont des leviers très puissants de motivation. Il y a aussi tout ce qui se dit sur les facteurs de personnalité, induisant que les individus ne sont pas égaux devant le sujet. Quant à la sociologie des organisations, elle nous apporte un regard sur l'importance de l'environnement et des échanges que la personne a avec celui-ci.

Concernant la rémunération, toutes les recherches montrent que celle-ci peut être un facteur de motivation comme un facteur de démotivation. Si la rémunération est considérée comme insuffisante, le collaborateur est fortement démotivé. D'un autre côté, les augmentations de salaire ne sont pas des leviers de motivation durables, d'autant plus si d'autres facteurs sont absents, comme la reconnaissance. Les dernières études portant sur ce sujet sont très claires : tant que la tâche est strictement mécanique, l'incitation financière est facteur de performance, mais dès qu'on introduit une tâche nécessitant une analyse, une compréhension, une capacité de réactivité, l'effet inverse se produit : « Les incitations financières peuvent même avoir un impact négatif sur la performance ».[1] Sachant que les tâches mécaniques seules sont de plus en plus rares dans les organisations (je dirais même que cela n'existe plus !), et que l'acteur au travail va forcément être sollicité dans sa capacité de juger, de prioriser, de réagir, que penser des bonus, primes, etc., comme leviers de motivation ?

En revanche, de très nombreuses études mettent en évidence que quelque chose de la motivation se joue dans le sentiment d'accomplissement personnel voire dans le sentiment de participer à une œuvre. C'est ainsi que la fable attribuée à Charles Péguy prend tout son sens. Je ne résiste pas au plaisir de la partager à nouveau avec vous.

La fable des casseurs de pierres.

En se rendant à Chartres, Charles Péguy aperçoit sur le bord de la route un homme qui casse des cailloux à grands coups de maillet. Les gestes de l'homme sont empreints de rage, sa mine est sombre. Intrigué, Péguy s'arrête et demande :

- *Que faites-vous, Monsieur ?*
- *Vous voyez bien, lui répond l'homme, je casse des pierres.*

Malheureux, le pauvre homme ajoute d'un ton amer : « J'ai mal au dos, j'ai soif, j'ai faim. Je fais un sous-métier, je suis un sous-homme. »

Un peu plus loin sur le chemin, notre voyageur aperçoit un autre homme qui casse lui aussi des cailloux. Mais son attitude semble un peu différente. Son visage est plus serein, et ses gestes plus harmonieux.

- *Que faites-vous, Monsieur ? questionne une nouvelle fois Péguy.*
- *Je suis casseur de pierres. C'est un travail dur, vous savez, mais il me permet de nourrir ma femme et mes enfants.*

Reprenant son souffle, il esquisse un léger sourire et ajoute : « Et puis allons bon, je suis au grand air, il y a sans doute des situations pires que la mienne. »

1. Dr. Bernd Irlenbush, London School of Economics.

Plus loin, notre homme rencontre un troisième casseur de pierres. Son attitude est totalement différente. Il affiche un franc sourire et il abat sa masse, avec enthousiasme, sur le tas de pierres. Pareille ardeur est belle à voir !

– *Que faites-vous ? demande Péguy.*
– *Moi, répond l'homme, je bâtis une cathédrale !*

On retire de tout ce qui précède et de tout ce qui s'est dit sur le sujet quelques règles générales que je vous propose de mémoriser :

– on n'a jamais pu prouver que plus les gens sont satisfaits plus ils sont motivés ;
– la motivation n'est pas un état ;
– l'argent n'est pas un facteur de motivation absolu ;
– la motivation est un sujet très personnel ;
– l'accomplissement personnel est un levier majeur de la motivation.

On peut en conclure qu'on ne peut pas « motiver quelqu'un », mais que ce « quelqu'un » se motive ou bien est motivé. Doit-on en conclure également qu'on ne peut rien faire ?

L'ORGANISATION A UN RÔLE À JOUER

Dans le lien qui se crée entre l'individu et l'organisation, l'individu va puiser les éléments de sa motivation. Comment cela fonctionne-t-il ?

Tout d'abord, nous allons tous chercher dans notre travail des éléments qui participent à nous définir en tant qu'individu. Le premier de ces éléments est d'obtenir une image valorisante. Cette valorisation existe déjà dans le fait de travailler, car aujourd'hui plus que jamais le fait de travailler donne une image de soi valorisante. Le statut social que va me donner mon travail, ce que représente le produit ou le service que je contribue à créer contribue aussi à me valoriser.

Qu'est-ce qui contribue à me définir aussi ?

Par exemple, mes compétences, mes savoir-faire me font rentrer dans des communautés de compétences, et je me sens exister. L'organisation a un rôle dans le développement de mes compétences : elle doit en être consciente, car j'attends cela d'elle, même si je reste conscient de ma propre responsabilité par rapport à l'acquisition de nouvelles compétences ou de mes marges de progrès.

Une autre dimension participe aussi à me définir : ce sont les relations que je construis avec d'autres gens. Dans mon travail, je noue avec les autres des relations affectives et je vis des moments émotionnels. Il est donc important que mon organisation soit attentive à laisser l'espace qui permet aux gens de créer des liens.

Il est important aussi pour moi que je me sente utile. Quand je participe à construire un produit ou un service, je suis acteur : je me sens utile. Bien sûr, il est important que je sache à quoi je contribue et pour cela, l'organisation doit me donner une vision. Et puis, j'aime bien aussi donner des idées, des avis. Pour cela, j'ai besoin de sentir et comprendre mes marges d'autonomie, car elles sont essentielles pour que je sois réactif, créatif et concerné.

Je me sens mieux quand mes valeurs et mes buts sont en adéquation avec ceux de l'organisation. L'organisation doit donc être claire quant à ses valeurs et à ses buts et ses actions doivent les refléter.

Si je résume, l'organisation doit répondre aux trois grandes questions que se pose l'individu quand il travaille :

- le « quoi ». Le « quoi » n'est pas qu'intrinsèque, il n'est pas neutre : il a une représentation sociale. Être chef de produit dans les produits WC est plus difficile socialement que chef de produit dans le luxe. Dans ce cas, la représentation sociale passera par la taille du groupe, ses avantages, son image globale, son impact environnemental et social. L'entreprise a un rôle à jouer très important dans cette valorisation : ses dirigeants doivent en être conscients à la fois dans la représentation qu'ils donnent de leur entreprise, et dans ce qu'ils laissent se développer comme image de leur organisation (sachant qu'aujourd'hui l'image doit être le reflet de la réalité !) ;
- le « comment ». L'individu ne peut pas s'identifier à un processus : le processus interne à l'organisation est dépassé par le savoir-faire du groupe auquel il s'identifie. Ainsi, le « comment » fait appel à des compétences individuelles et collectives. L'organisation participe

au développement de ses compétences et doit les valoriser. Dans le « comment », les liens qui sont développés entre les personnes sont fondamentaux : quelles relations l'organisation me permet-elle de développer avec les personnes qui m'entourent ? Et, bien sûr, les marges d'autonomie qu'on me laisse sont... très liées au type de management et de leadership des managers ;

– le « pourquoi ». Par exemple, chez Apple, au début de l'entreprise, chaque collaborateur savait pourquoi il était là : son rôle était de faciliter l'informatique aux utilisateurs. Chacun se sentait concerné par ce « pourquoi ». C'est ce qui a rendu cette entreprise si innovante. Ainsi, le « pourquoi » fait référence au sens. Donner du sens, c'est donner une vision et communiquer une stratégie. Là aussi, c'est le rôle des dirigeants et des managers.

Nous voyons bien que le rôle de l'organisation se dessine parfaitement bien dans ce qu'elle a à jouer pour permettre à des individus de s'impliquer (l'implication étant le résultat de leur motivation). Nous y ajouterons trois conditions nécessaires :

– la cohérence : combien de voix différentes dans l'organisation ? Combien de versions différentes de la stratégie ? Combien de types de management présents dans l'organisation, qui ballottent les individus et les laissent dans l'incompréhension totale de ce que l'on attend d'eux réellement ? Et pour les managers, combien d'interprétations de ce fameux contrat implicite, vous savez tout ce que l'on attend d'eux, mais qui n'a jamais été vraiment formulé clairement ? (Et puis la cohérence fonde la cohésion, on en reparlera au dernier chapitre) ;
– la réciprocité : je m'implique dans quelque chose et ce quelque chose s'implique envers moi. L'organisation doit proposer quelque chose qui réponde aux attentes de l'individu (par exemple : la gestion de carrière, le développement de l'individu, etc., l'argent n'étant pas l'attente suprême, je le répète !) ;
– l'adhésion : c'est une rencontre entre les valeurs et les buts de l'entreprise et le système de représentation de l'individu. Les valeurs de l'entreprise sont issues de son histoire, c'est tout ce

qui forme la culture d'entreprise. Cela ne se décrète pas. Les buts, la stratégie, si on ne les connaît pas, on ne peut pas adhérer. La communication revêt là une importance majeure, et là aussi, le manager-leader a un rôle prépondérant.

Mais quand on parle de l'organisation, on parle de quoi *in fine* ?

LE MANAGER-LEADER ET SON *LEADERSHIP PARADOXAL*

L'organisation ne fonctionne que parce qu'elle est organisée. Son management a un rôle essentiel à jouer : cela va du top jusqu'au management de proximité. Le top a une grande responsabilité sur la façon dont les managers exercent leurs responsabilités et notamment sur ce qu'ils attendent d'eux en termes de leadership. Cette réflexion est encore trop peu fréquente dans les organisations d'aujourd'hui ; pourtant, elle paraît essentielle à tous. Elle doit permettre à l'organisation de mieux dessiner le type de leadership dont elle a besoin. Cela dit, comme nous l'avons vu, il s'agit d'un leadership circonscrit.

Si le manager-leader doit surveiller l'étendue de son leadership, le circonscrire et rester vigilant sur ses limites, c'est aussi parce que, aujourd'hui, on sait que le travail en groupe est plus efficace et plus performant que le travail solitaire. Les beaux jours du leader qui a toujours raison et qui représente la sagesse sont bel et bien révolus.

Le leader d'aujourd'hui et de demain s'appuie sur ses équipes, son organisation et la culture de celle-ci. Cette culture, il participe à la construire, il peut la faire évoluer avec du temps, de l'accompagnement et des actions concrètes.

Élisabeth, cinquante-six ans, est présidente d'une filiale française d'un groupe américain leader sur son marché, spécialisé dans l'externalisation des services généraux des entreprises. Les affaires ne vont plus si bien en France et Élisabeth a beaucoup réfléchi aux raisons qui amènent certains de leurs clients à dénoncer leurs contrats ou aux prospects à choisir plus facilement une concurrence, très récente, mais de plus en plus agressive. Dans le même temps, le groupe américain a mis au point un référentiel mondial concernant la vision et la mission de l'entreprise puis un programme de leadership s'adressant à tous les collaborateurs dans le monde. Pour Élisabeth, la démarche de déploiement du programme de leadership s'est inscrite immédiatement dans le cadre d'une démarche plus générale de conduite de changement.

D'une part, ce programme présente pour chaque manager et chaque collaborateur des responsabilités et des attentes plus larges que celles habituellement attendues. Ce changement est d'autant plus vrai pour le management plus « terrain » et les collaborateurs. Outre ce qu'on peut attendre d'un tel programme sur la gestion des hommes, celui-ci introduit deux responsabilités : une liée au « business » et une liée au « market ». Ces deux responsabilités revêtent un caractère tout à fait nouveau suivant les personnes et les amènent à intégrer de nouvelles dimensions liées au leadership.

D'autre part, le référentiel s'appuie sur le développement de la culture de la performance. Il apparut rapidement que cet axe amenait chacun à une réflexion plus profonde qu'il n'y paraissait de prime abord : la culture de l'entreprise pouvant être qualifiée de culture du résultat. Élisabeth et son comité de direction saisirent donc l'occasion du déploiement de ce programme pour approfondir cette réflexion et en faire un axe de travail pour les prochaines années. « Développer la culture de la performance est pour nous une priorité : cela nous pousse à réfléchir sur ce que nos clients attendent dans un monde de plus en plus complexe et interdépendant, où eux-mêmes ont changé leur type de fonctionnement. Tout ce qui est lié à notre métier a changé de visage : il ne s'agit plus d'échanges entre experts, mais bel et bien de partenariats à développer pour que nous soyons toujours plus près des préoccupations de nos clients. Le programme de leadership est un aiguillon pour tous nos managers et collaborateurs qui doivent s'entraîner à être toujours plus à l'écoute, plus réactifs, voire proactifs, sur le marché. C'est l'occasion de se poser des questions sur notre faculté d'adaptation face aux grandes mutations qui impactent nos clients et nos collaborateurs. »

Ce cas a deux vertus essentielles. Il nous démontre tout d'abord comment un leader peut, dans une crise, saisir plusieurs opportunités qui se présentent à lui et en faire des axes de changement, y compris de changement de culture. Un changement de culture ne se décrète pas, mais on peut progressivement initier des changements qui, à terme et à condition de l'adhésion des collaborateurs, font évoluer la culture de l'entreprise.

D'autre part, cet exemple nous confirme que la notion de leadership n'est pas réservée aux managers. C'est ce que nous avons déjà évoqué quand nous avons parlé de « *personal* leadership ».

C'est somme toute logique. Chaque individu peut avoir et a un impact sur le système, a un effet d'entraînement dans un sens ou dans un autre sur l'implication des uns et des autres et joue un rôle dans le sentiment que chacun peut avoir d'être concerné par ce qui se passe dans l'organisation, de participer ou non à « une œuvre collective ».

L'impact d'une personne peut être négatif : c'est souvent le cas quand les gens ne comprennent pas ce qui se passe, où ils vont, pourquoi les patrons leur demandent de faire telle ou telle chose qui leur semble aberrante. On peut très vite avoir un effet d'entraînement négatif dans un monde abasourdi par les mauvaises nouvelles, les « affaires » dans le monde économique, les crises sociales. Si nous rajoutons à cela notre culture française à voir plutôt le verre à moitié vide que le verre à moitié plein, nous comprenons que l'effet négatif peut être très rapide !

> **Le manager-leader, gestionnaire de l'interdépendance, a donc un rôle crucial : entraîner les collaborateurs à devenir des leaders positifs. Ainsi, les managers-leaders de l'organisation en entraînent d'autres, les collaborateurs, à devenir des leaders. Encore un paradoxe, mais somme toute une nécessité, car nous avons besoin de toutes les forces vives dans une organisation !**

Revenons sur le cas d'Élisabeth. Il nous permet également d'aborder la responsabilité du management dans les trois conditions que nous avons définies comme essentielles à l'implication. Je les rappelle : la cohérence, la réciprocité et l'adhésion.

Élisabeth a profité de l'arrivée du programme de leadership pour initier une démarche de fond animée par un cabinet de conseil externe. Des séminaires ont permis tout d'abord au comité de direction de comprendre et de s'approprier le programme. Il s'est agi tout de suite de mettre en évidence les gaps entre le management tel qu'il est pratiqué dans l'organisation et les recommandations de ce programme de leadership. Chaque membre du comité de direction a été invité à analyser ses pratiques à la lecture de ces nouvelles attentes. Tous les membres ont suivi une formation leur permettant de s'exercer à de nouvelles pratiques de leadership. Puis le cabinet de conseil a recommandé la constitution d'un comité de pilotage avec des managers et des interviews de managers ont été réalisées pour confirmer ces analyses.

Dans le processus, il fut décidé d'inviter d'abord tous les managers à suivre un premier séminaire de formation sur deux jours autour de ces attentes de leadership, présentant pour chaque type de manager la référence et les priorités de travail issues des gaps identifiés par le comité de direction et le comité de pilotage. Ces formations étaient accompagnées de plans de progrès à ensuite travailler avec son N+1. Le dispositif a été complété par des e-learnings permettant à chaque participant de valider sa compréhension des nouvelles attentes de leadership.

« On aurait pu se contenter de distribuer le leaflet *que nous avons reçu du groupe à chacun. Mais sur le fond, le déploiement du programme de leadership a été voulu comme un moment de partages et d'échanges privilégié afin de lancer une prise de conscience et une réflexion sur le sujet de la performance et son lien avec la mobilisation et l'engagement des collaborateurs, la responsabilité de chacun dans la conduite du business, la relation avec les clients et notre marché de façon générale et, enfin, notre rôle à tous en tant que leaders dans cette organisation », précise Élisabeth.*

Une deuxième phase de travail s'est amorcée, que ce soit au travers des outils d'évaluation, de l'accompagnement des nouvelles missions qu'implique pour chaque manager de devenir un manager-leader, de nouveaux apprentissages à mettre en place ou de la réflexion à continuer d'animer autour des notions de performance.

« En France, les retours des managers sont très positifs : ils apprécient de savoir ce qu'on attend d'eux en tant que managers et y voient l'opportunité de se développer comme manager-leader à part entière. Le déploiement auprès des collaborateurs est en cours afin que cette référence de leadership impacte aussi chacun dans l'accomplissement de sa tâche et permette la coopération nécessaire à une organisation leader sur son marché », commente Élisabeth.

Effectivement, Élisabeth aurait pu choisir de distribuer à chacun des *leaflets* sur les attentes du groupe en termes de leadership. Et que se serait-il passé ? Probablement rien. Il était important que l'exemple vienne du haut et que le déploiement de ce programme soit cohérent. Il a permis aux membres du comité de direction de faire une analyse ensemble de leur pratique managériale et de leur cohérence. Combien d'entreprises se prêtent-elles à cet exercice ?

Dans le processus, chacun a la possibilité de progresser et peut s'appuyer pour ce faire sur son N+1, sur un e-learning accessible en permanence (dont le contenu a été créé en fonction d'une enquête sur les besoins les plus importants issus des items de ce programme de leadership), sur un programme de formation que l'entreprise a mis en place en adéquation avec le programme Leadership, sur les évaluations qui vont être basées sur cette nouvelle référence de leadership. L'organisation demande aux individus de se développer, mais leur donne aussi les moyens de le faire. Cela fait partie de la réciprocité.

L'adhésion au programme a été facilitée grandement par le mouvement et l'énergie que tous les managers ont mis au service de ce programme. Chaque session de formation a été parrainée par un N+1, qui participait ensuite à un dîner permettant les échanges avec les collaborateurs. Le retour des participants vers le N+1 avec un plan de progrès offrait aussi un échange dynamique autour de ces nouvelles attentes.

Les managers-leaders, chacun à leur niveau, constituent donc les garants de ces trois conditions de l'implication de leurs collaborateurs. Est-ce suffisant ? NON.

Redisons-le sans ambages, les organisations d'aujourd'hui ont besoin d'un leadership qui entraîne !

> **Cela demande une très grande capacité d'adaptation de la part du leader, et pas seulement aux situations vécues dans l'entreprise et au niveau de maturité des personnes, comme le suggère la théorie du management situationnel, mais aussi au changement de société, à ce que vivent les gens à l'extérieur de l'entreprise. Le manager-leader d'aujourd'hui a les oreilles et les yeux grands ouverts : il analyse et comprend ce que veut dire pour lui ce qui se passe à l'extérieur de l'organisation.**

Le manager-leader d'aujourd'hui a compris qu'il doit gérer deux situations opposées et trouver son propre équilibre :

- d'une part, il fait partie d'une organisation de plus en plus dans le contrôle, définissant des stratégies pouvant changer rapidement, mais qui sont incontournables, contraintes par des attentes d'actionnaires élevées. Il représente « l'ordre » ;
- d'autre part, les collaborateurs ont besoin d'espaces de liberté. La réactivité, la créativité en dépendent. Ces marges d'autonomie sont essentielles et permettent aux personnes de trouver du sens à leur travail, de l'intérêt, de la valeur. Chacun peut alors entreprendre ce qu'il croit devoir faire, en fonction d'une politique et de pratiques affichées mais aussi de ses propres valeurs, de son sens de la responsabilité, de ses idées. Pour que cette créativité émerge, « le désordre » est nécessaire.

Pour approfondir cette question, nous vous invitions à flasher le code suivant avec votre smartphone ou bien à en indiquer l'adresse dans votre navigateur :

www.gagnezenimpact.com/nos-videos/leadership-paradoxal

Pour ce faire, le manager-leader n'est pas un « chef » : il anime des relations. Il conduit des individus pour que les interactions et les idées puissent s'exprimer et que les idées innovantes émergent.

Pour animer les relations, il dispose de deux clés fondamentales que je vous propose de découvrir maintenant en détail tant elles sont importantes, mais néanmoins sous-estimées :

- la compétence,
- la bienveillance.

■ LES DEUX CLÉS DU LEADERSHIP PARADOXAL : LA COMPÉTENCE ET LA BIENVEILLANCE

Quand on parle de compétence et qu'il s'agit de quelqu'un considéré comme un leader, on ne parle pas nécessairement de compétence métier, mais on imagine quelqu'un de confiant en soi, très impliqué dans sa mission, ayant une grande capacité de travail, réactif en termes de nouvelles idées, écouté dans les réunions, une personne toujours prête à relever les challenges et travaillant beaucoup. Cette « compétence » est une sorte de force qui peut être renforcée par la position que la personne a dans l'organisation, sa réputation et ses performances.

Rappelons-nous Luc (chapitre 1). Il répondait parfaitement à cette description et, pourtant, il a été licencié parce que son équipe s'est essoufflée, et pire même, elle a eu recours aux congés maladie pour sortir d'une pression que le comportement de Luc faisait peser sur elle. Dans le quotidien, une grande distance séparait Luc de ses équipes. Qu'avait oublié Luc ?

En fait, en y regardant de plus près, on s'aperçoit que les équipes de Luc reconnaissaient la compétence de Luc, et ses ressources, mais elles n'ont pas réussi à le suivre. Quand Luc a tenté de faire travailler ses collaborateurs plus en amont sur les projets, cela partait d'une bonne intention, mais, tout en sachant qu'ils n'avaient jamais fonctionné comme cela, il ne les a pas accompagnés. Luc aurait pu leur expliquer davantage ce qu'il attendait d'eux et les aider à développer de nouvelles compétences. En quelque sorte, Luc a jeté ses collaborateurs à l'eau sans se préoccuper de savoir s'ils savaient nager ! Non seulement Luc n'a pas favorisé le partage et la coopération, mais il a mis ses équipes devant des situations à résoudre et, ensuite, il les a critiquées quand elles ne fournissaient pas le travail qu'il attendait !

L'exemple de Luc illustre bien que la compétence seule telle qu'on la définit n'est pas suffisante. Mais que vient faire la bienveillance là-dedans ? La bienveillance a pour synonyme, dans notre langue, la compréhension, la cordialité, l'indulgence, la prévenance, la sympathie, l'amabilité. Tous ces mots recouvrent des manières d'être avec les autres qui ne sont pas neutres, et encore moins distantes. Ainsi, la bienveillance implique un lien affectif qui met en œuvre notre capacité à apprécier les autres, voire à les aimer.

Dans la langue française, nous n'utilisons qu'un seul mot : « aimer ». Dans la Grèce antique, on utilisait quatre mots pour exprimer « aimer » :

- *Éros*, pour l'érotisme, la passion, l'amour « amoureux » ;
- *Storgé* (prononcer storgué) qui concerne plutôt les membres de la famille (parents, frères et sœurs, cousins et cousines, oncles et tantes, etc.) ;
- *Philos*, s'adressant aux amis (habituellement 4 ou 5 personnes) ;
- *Agapé*, pour toutes les autres personnes.

D'une manière générale, *Agapé,* c'est l'amour dont parlent les Évangiles (spiritualité chrétienne), ou bien la compassion (spiritualité bouddhiste), c'est le : « Tu aimeras ton prochain comme toi-même », traduit de la Torah par « tu aimeras, *en allant vers* ton prochain. » C'est la bienveillance dont on parle en développement personnel. Cet amour-là nous parle. Il nous permet de nous intéresser à l'autre, de souhaiter qu'il aille bien, qu'il soit en bonne santé, ou même heureux. Il nous permet de respecter sa dignité et de le prendre en considération.

Ainsi, *Agapé* est nécessaire dans toutes les organisations humaines parce qu'*Agapé,* c'est considérer les autres : les écouter, comprendre leurs besoins ou leurs manques, les accompagner quand cela est nécessaire. C'est tout ce que Luc n'a pas fait !

Remettre l'humain au centre des organisations, c'est admettre que rien n'est possible sans *Agapé*. La bienveillance découle d'*Agapé*. La bienveillance permet la confiance nécessaire entre des personnes qui doivent travailler, échanger et coopérer. La confiance augmente le partage d'informations, l'ouverture aux idées nouvelles et aux idées des autres et la coopération. La confiance rend fluides les relations entre les personnes. Instaurer la confiance pour un manager-leader, c'est d'abord se montrer digne de confiance : c'est dire ce qu'on fait et faire ce qu'on dit. C'est aussi être exemplaire, nous en reparlerons au dernier chapitre. Ainsi, le leader, manager ou toute personne dans une organisation qui souhaite être un leader, doit cultiver cette bienveillance. Il ne cherche pas égoïstement à se faire aimer, mais il va vers les autres avec authenticité et chaleur.

Damien travaille depuis dix ans dans l'industrie du bâtiment. À quarante-cinq ans, il vient d'obtenir une belle promotion dans le même service : il est maintenant manager de ses anciens pairs. Un de ceux-ci, Lionel, est difficile à gérer et a cumulé beaucoup d'erreurs ces derniers mois. Il a cinquante-six ans et une belle assurance. Le N+1 de Damien lui a conseillé d'être autoritaire pour remettre ce collaborateur à sa place. Une prochaine réunion avec Lionel est programmée. Comme par ailleurs, il travaille sur son leadership, Damien choisit une autre stratégie que celle de l'autorité. Les résultats le bluffent : « Cette réunion s'annonçait très tendue et je nous voyais bien partis pour un conflit. Dès le début, j'ai tout fait pour que le dialogue s'instaure de manière positive, ne pas le blesser, tout en étant clair et ferme sur mes attentes et mes points de contrôle à l'avenir (y compris sur ce qu'il pense maîtriser parfaitement, en ayant pourtant fait des erreurs cette année). Nous sommes revenus sur des situations qui avaient généré des incompréhensions ou des points de blocage. Je l'ai écouté. Puis, je lui ai bien expliqué ma mission et mon rôle pour faciliter sa réussite et sa visibilité. Il a pris des engagements par rapport à mes attentes. Depuis, les choses vont vraiment mieux, et nous n'hésitons pas à communiquer quand quelque chose ne semble pas tourner rond. »

Damien a choisi le chemin de la considération et c'est le chemin qui a permis d'éviter que la situation ne dégénère en conflit. Lionel ne s'est pas senti dévalorisé, ni méprisé. Étant plus âgé que Damien, Lionel pouvait être susceptible sur sa compétence. De plus, vu que le poste ne lui avait pas été proposé, il pouvait aussi rapidement avoir du ressentiment envers Damien. Damien a évité un conflit de personnes toujours préjudiciable à l'entreprise et à la performance.

Pour résumer tout ce que nous venons de voir dans ce chapitre et le garder toujours présent à l'esprit, je vous propose le schéma suivant. Il vous permettra de toujours vous rappeler que votre rôle de manager-leader est crucial tant de façon collective (organisation) que de manière individuelle (mission managériale).

Le triptyque de l'engagement

Motivation/ Individu

Autonomie
Compétences
Participation à une œuvre

Implication/ Organisation

Cohérence
Réciprocité
Adhésion

Leadership paradoxal/ Manager-leader

S'adapte (individu – organisation – société)
Équilibre ordre-désordre
Anime des relations (avec compétence & bienveillance)

> **Mix de vos compétences et de votre bienveillance, votre leadership paradoxal vous permet de gérer les équilibres nécessaires à la performance des organisations d'aujourd'hui, entre ordre et désordre. Votre leadership doit se démontrer dans tous les cas et même amener vos collaborateurs à se comporter comme des leaders !**

Souhaitant devenir un leader paradoxal, vous pouvez décider d'impacter vos équipes et le système en vous aidant d'AIDA que nous nous apprêtons à découvrir. Ça vous dit ?

Retrouvez une présentation de ce chapitre en vidéo :

www.gagnezenimpact.com/nos-videos/motivation-implication

Chapitre 4

Le modèle AIDA pour gagner en impact

« Les théories servent à irriter les philistins, à séduire les esthètes et à faire rire les autres. »
Amélie Nothomb

C'était il y a une quinzaine d'années. J'étais vice-présidente d'une fédération professionnelle de plus de 6 000 membres et j'avais l'intention de les amener à s'impliquer dans un projet de communication. Je devais présenter ce projet qui était déterminant mais qui bousculait des traditions et des habitudes. Il s'agissait de la création d'une nouvelle charte graphique et de la refonte de tous les documents de communication. Mon projet était de dynamiser l'image du mouvement alors que rien n'avait bougé depuis plus de cinquante ans. Ensuite, toutes les associations locales appliqueraient, à leur niveau, les nouveaux concepts présentés. Je connaissais l'attachement profond des 2 500 futurs congressistes et de leurs présidents locaux aux signes du passé, et une question me taraudait : comment faire bouger les bénévoles alors que je n'avais sur eux aucun moyen de contrainte hiérarchique ? Je suis sûre que cette interrogation vous rappelle quelque chose...

Dans mon métier, la publicité, j'étais pourtant spécialiste. Des sociétés confiaient à mon agence des services ou des produits à promouvoir, des marques dont il fallait accroître la notoriété, des idées auxquelles il fallait faire adhérer. Bref, j'avais un métier qui consistait à pousser un client à l'acte d'achat.

Mais pour pousser des bénévoles à l'action, je me sentais bien démunie. J'avais fait des ateliers d'expression personnelle, de management d'équipe, de prise de parole en public, de *body language*, de méthodologie de projet, etc. Tout cela était très clair parce que très technique, et néanmoins, j'avais le sentiment qu'il manquait quelque chose. Ce petit plus qui fait la différence et que souligne Eisenhower : comment les amener à « faire » avec envie ? Je ne le savais pas encore, mais la question que je me posais était bien : « Comment deviendrai-je un leader ? »

Dans mon agence, les équipes me présentaient les projets avant qu'ils ne soient proposés aux clients. Je me suis souvenue du chemin que je faisais mentalement emprunter aux produits lors de ces présentations. Ce chemin s'appelait AIDA, du nom d'un modèle formulé par Lewis en 1898 pour la vente en magasin ou dans les foires. Je l'avais appris à l'école en cours de marketing.

LE MODÈLE AIDA POUR FAIRE ACHETER

Dans ma problématique de faire « acheter » mon projet et de faire en sorte que les membres de l'association y participent, je me suis imaginé que c'était moi qui étais le « produit » en question, au lieu des produits et services habituels. J'étais un « produit » à faire acheter, et, à travers moi, mes idées, mes convictions et mes raisonnements. Je vivais là le tâtonnement de ce qui allait devenir mon outil de travail préféré : le modèle AIDA pour devenir un « leader qui fait faire à l'autre parce qu'il en a envie ». Je ne savais pas alors que j'allais changer de métier, je ne savais pas que j'aurais l'occasion de l'expérimenter avec d'autres tant de fois et avec autant de succès. Je ne savais pas non plus qu'un jour, je vous en livrerais les secrets...

Voici le modèle AIDA tel qu'il est utilisé dans la publicité :

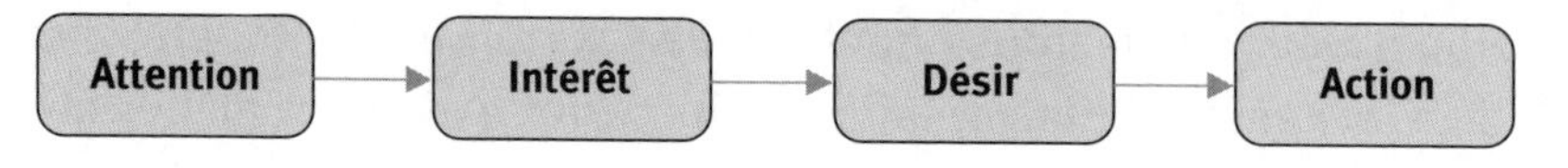

Avant tout, il est utile de se rappeler comment ce modèle est utilisé dans son contexte habituel.

> **Le modèle AIDA propose une hiérarchie qui commence par éveiller l'Attention, puis à susciter l'Intérêt, pour éveiller le Désir, alors en découle une Action de l'autre, notamment l'acte d'achat.**

Ces quatre phases sont présentées comme chronologiques, l'une dépendante de l'autre. C'est cette interdépendance qui génère ensuite l'acte de celui qui est en face. Ces phases sont toutes indispensables et forment des « moments relationnels », des liens entre celui qui vend et celui qui achète.

A POUR ATTIRER L'ATTENTION

Comment mon produit attire-t-il l'attention ?

C'est le premier stade de l'information, celui où on attire le regard du consommateur, où on l'amène à s'intéresser au produit ou au service. Cela peut se faire grâce à la marque parce qu'elle est connue, ou grâce à une information nouvelle, ou bien parce que le visuel est original. En télévision par exemple, l'attention est attirée d'office par la publicité car, dès que l'écran publicitaire démarre, le volume sonore est plus fort sans que vous ayez eu besoin de toucher votre télécommande.

I POUR SUSCITER L'INTÉRÊT

Puis, il s'agit de montrer le bénéfice que peut tirer l'acheteur de ce produit parce qu'il répond à son besoin. Parce que la lessive Machin enlève les taches de chocolat grâce à ses agents spécifiques, dernière découverte des laboratoires Machin, elle devient intéressante pour vous, mère ou père de deux turbulents gourmands. La publicité va vous rendre le produit attractif jusqu'à ce que vous « l'aimiez », ce qui a pour effet de provoquer le Désir de l'acquérir.

D POUR PROVOQUER LE DÉSIR

Pour vous aider à désirer le café Humm Humm, si vous êtes une femme, vous pouvez vous identifier à la belle brune vêtue d'une grande robe noire flottant dans le vent, ou bien, si vous êtes un homme, vous pouvez fantasmer sur elle. La publicité utilise pour cela des images, des codes, des mots, pensés pour déclencher des sensations ou des émotions. La finalité est de provoquer l'acte d'achat car seul le désir peut permettre ce passage à l'acte (nous reviendrons à la fin de ce chapitre à la notion de désir comme moteur de l'acte).

A POUR DÉCLENCHER L'ACTION

Pour résumer le processus, l'annonce publicitaire (le spot, l'affiche, etc.) va chercher à attirer l'attention du consommateur, puis, grâce à des informations objectives, éveiller son intérêt, puis, grâce à une suggestion, une image, une représentation, un symbole, elle va susciter son désir... qui, finalement, va déclencher l'action, c'est-à-dire l'achat.

À ce moment-là, il faut que tout soit prêt car le consommateur a envie d'acheter et l'acte d'achat doit être facilité.

Ce modèle a parfois été complété par d'autres notions, mais nous le considérerons dans sa version d'origine qui a comme vertu, outre d'être mémorisable facilement car elle rappelle le nom d'un opéra connu, d'être simple d'utilisation.

■ POUR EN FINIR AVEC LES COUPS D'ÉPÉE DANS L'EAU : COMMENT FAIRE PASSER L'AUTRE À L'ACTE ?

Comme nous pouvons le constater, l'action de l'autre est la résultante de moyens et d'objectifs relationnels entre une personne physique et une autre personne physique. Je vous propose que nous regardions ensemble ce que peut bien nous raconter ce modèle dans d'autres applications.

Précédemment directeur marketing, Pierre vient d'être promu directeur général de la filiale française d'un groupe mondial dans le prêt-à-porter. Il prend son poste dans un contexte difficile. La société perd de l'argent depuis vingt ans et la stratégie change presque tous les ans. Les objectifs ne sont pas atteints. Les salariés sont dans un état d'esprit de type

« mon avis ne compte pas », dû aussi à la volonté affichée des dirigeants précédents de peu communiquer. Il n'existe pas ce qu'on pourrait appeler un esprit d'équipe. De même, l'équipe de managers est peu soudée et les conflits sont latents.

Pierre n'a jamais été directeur général et ses relations précédentes étaient déjà parfois tendues avec certains des membres de l'équipe. De plus, il a l'image de quelqu'un d'agressif, distant et manipulateur.

La demande de Pierre est « simple ». Comment va-t-il procéder pour :

- *faire passer l'état d'esprit des salariés de « mon avis ne compte pas » à « je comprends la stratégie, nous sommes tous dans le même bateau et je joue un rôle important » ?*
- *bâtir une équipe de managers soudés autour d'une stratégie d'entreprise claire et stable ?*
- *bâtir une stratégie long terme vers laquelle tout le monde s'implique ?*

On peut résumer le questionnement de Pierre par : « Comment puis-je devenir un manager-leader ? »

C'est la question que nous nous sommes effectivement posée lors de nos séances de travail. Comme nous allons le voir, Pierre a dû faire évoluer son comportement et sa communication, et cela a nécessité un travail acharné de sa part.

Les résultats ont été au rendez-vous : en deux ans, l'entreprise a réussi à atteindre l'équilibre financier pour la première fois en vingt ans. L'implication des collaborateurs, mesurée par un institut indépendant, est passée de 64 % à 92 %. Une équipe managériale plus soudée et plus impliquée entoure aujourd'hui Pierre, qui se présente lui-même comme un « dirigeant bien dans son rôle et qui a en main la majorité des outils pour performer dans son action ».

Qu'avons-nous travaillé avec Pierre ? Comment AIDA peut-elle être une méthode aussi puissante que l'est son homonyme chanté, le très puissant opéra de Verdi ?

LE MODÈLE AIDA APPLIQUÉ À L'IMPACT PERSONNEL : DES LESSIVES AUX PERSONNES

Comment suis-je passée de faire acheter une lessive à faire acheter mes idées et projets ?

Acheter veut dire échanger quelque chose contre de l'argent. Après l'échange, quand j'ai pris l'objet, quand je me le suis approprié, j'en fais ce que je veux. Je suis libre d'agir à ma guise. Je peux aussi ressentir un sentiment de satisfaction, voire de plaisir, ou au contraire, être déçue par mon achat et le laisser s'entasser dans un placard.

Dans l'entreprise, il existe aussi un phénomène de vente, mais dans le processus, celui qui veut l'acte en tant que représentant d'une organisation est aussi celui qui paie, puisqu'il va rétribuer le collaborateur en échange de son action, c'est-à-dire son travail.

Mais nous savons maintenant que la course à l'innovation et les changements organisationnels ont complexifié les termes de l'échange : le salarié doit consacrer à l'entreprise quelque chose de plus, quelque chose qui n'est pas écrit dans le contrat de travail. On l'appelle « implication », ou « engagement », ou « motivation ». Enfin, nous nous attendons à ce que notre collaborateur donne quelque chose de lui-même bien au-delà de la tâche à réaliser. Dans cet acte-là, le collaborateur ne donne pas de l'argent mais, pour autant, il achète quelque chose, il s'attend donc à ce qu'« on lui en donne pour son argent ». Ainsi, il en retire un certain plaisir, et probablement une sorte de liberté d'agir à sa guise avec ce qu'il vient d'« acheter ».

> **Les « moments relationnels » que nous considérons ici dans le champ de l'entreprise sont dans un rapport équivalent : relation entre des personnes dans le cadre d'un « achat ». Avant de faire ce qu'on attend de lui, le collaborateur dans l'entreprise « achète » une vision, une stratégie, une idée, et il va s'y adonner : la promouvoir, la réaliser, ou ré-agir (s'impliquer, travailler davantage, faire attention à ce qu'il fait, etc.).**

Notre Pierre de groupe dans le prêt-à-porter a deux choses à faire « acheter » pour redresser la situation. Tout d'abord, lui-même, en tant que meneur d'hommes. Son image n'est pas brillante et n'incite pas à le suivre. Il n'a jamais fédéré autour de lui, même quand il était simple membre du comité de direction. Il n'est pas le leader que ses collaborateurs suivront les yeux fermés, ni même ouverts.

Pour se faire « acheter », Pierre va devoir réfléchir à :

- *son image : d'où vient-elle ?*
- *son comportement : comment développer une autre image ?*

– *sa communication : comment ses collaborateurs vont-ils comprendre qu'il veut les mener vers la réussite ?*

Ce sont des questions très difficiles à résoudre, mais si c'était simple, on ne serait pas là pour en parler !

Puis, à un moment donné, les collaborateurs vont devoir « acheter » une nouvelle stratégie. Ils en ont vu déjà passer un certain nombre et la nouveauté va, au mieux, les faire rire. Comme d'habitude, ils l'appliqueront car ils ne pourront pas faire autrement. Mais de là à mettre toute l'énergie nécessaire à sa réussite, c'est une autre paire de manches. Ils feront juste ce qu'on leur demande, consciencieusement pour la plupart. Cela suffira-t-il ? Jusqu'à présent, sauf à juger que toutes les stratégies étaient mauvaises depuis vingt ans, il y a bien quelque chose qui a paralysé l'entreprise – mais quoi ? Certains salariés sont là depuis vingt ans, leur travail est devenu une routine. Manqueraient-ils d'implication qui générerait le petit plus qui ferait décoller les résultats ? On peut l'envisager sérieusement. Quelques signes ne trompent pas, il suffit de se promener dans les locaux : ils passent leur temps en pauses sans fin, à discuter entre eux ; les réunions sur les projets transversaux sont ponctuées de débats interminables sur « qui va faire quoi ? », et j'en passe...

Vis-à-vis de son entreprise, Pierre a une responsabilité dans le processus qu'il enclenche avec ses collaborateurs. Cette responsabilité se situe tout d'abord dans sa mission. Jusqu'à présent, Pierre a toujours considéré son devoir de résultats comme la responsabilité majeure. De ce fait, quand quelque chose n'est pas fait, ou pas correctement fait suivant ses critères, il fait à la place de la personne. Travailler sur sa mission est pour Pierre une prise de conscience qu'il n'est pas là pour suppléer, mais pour « faire faire ». Il doit circonscrire les tâches qu'il se réserve et celles qu'il délègue à ses managers. Se pose alors la question de comment « faire faire ».

Bien sûr, Pierre est aussi responsable de l'atteinte des objectifs qui lui sont fixés par ses supérieurs. Ainsi, les tâches effectuées par ses collaborateurs doivent répondre aux attentes de l'organisation. Les collaborateurs de Pierre vont devoir s'approprier une stratégie pour la faire réussir et atteindre des objectifs chiffrés.

ATTIRER L'ATTENTION : « TIENS, TIENS... »

Dans le modèle, attirer l'attention est la première marche qui amène l'autre à l'action. Il n'y a pas une seule manière d'attirer l'attention. Cela dépend de la problématique à résoudre, du contexte, de l'histoire de l'organisation, de la fonction hiérarchique. Attirer l'attention n'est pas « se faire remarquer », avec toutes les connotations négatives que cette expression suggère. Cette expression n'a pas le même sens si on se situe dans la sphère du comportement ou dans la sphère de la communication.

> **Attirer l'attention induit en revanche que nous faisons quelque chose qui n'est pas ordinaire, quelque chose d'« extra-ordinaire ». Il ne s'agit pas de faire la révolution, ce qui aurait pour conséquence d'inquiéter et provoquerait l'effet inverse. Attirer l'attention demande de réfléchir à une façon de faire qui soit juste assez différente pour marquer, en évitant tout ce qui pourrait être radical ou bouleversant.**

Revenons à Pierre. Quand il s'exprime, quand il anime une réunion, ou même, tout simplement, quand il arrive dans ses bureaux, il est précédé par son image. Il va donc devoir travailler rapidement sur son positionnement, son nouveau rôle, afin de modifier son attitude, ses messages et sa manière de s'exprimer en public et en face-à-face. Pour cela, Pierre doit réfléchir à sa communication tant sur la forme que sur le fond afin de trouver une cohérence en adéquation avec son style et sa personnalité[1].

Rapidement, lors de nos échanges, nous nous demandons comment attirer l'attention de tous les collaborateurs sur le fait qu'un changement de stratégie est primordial. Nous décidons alors d'organiser un processus collectif de réflexion composé de plusieurs étapes.

Dans un premier temps, Pierre doit clarifier son rôle dans l'équipe de direction et la fédérer autour de l'élaboration d'une vision pour l'entreprise. Nous organisons des séminaires avec les membres du comité, afin de dégager des pistes de travail et les amener à prendre conscience de la nécessité, d'une part, d'être solidaire, et d'autre part, d'entamer un dialogue plus ouvert.

Puis, les membres du comité sont formés afin qu'ils puissent, à leur tour, animer des ateliers de travail, hors situation hiérarchique. Ces ateliers seront organisés lors d'une grande réunion annuelle avec tous les salariés de l'entreprise. La problématique de l'entreprise va être expliquée

1. Le modèle AIDA va nous être d'une grande utilité dans la communication : nous verrons comment dans le chapitre 7 : « Parler et impacter avec AIDA ».

avec des mots qui parlent à tout le monde. Cette explication commencera lors de la réunion plénière, puis elle pourra se poursuivre par groupes dans des ateliers définis par des thèmes liés aux pistes dégagées lors des réunions avec le comité de direction. Dans ces groupes, les différents services seront mélangés et chacun pourra émettre des idées de solutions.

L'organisation de ces premiers ateliers avec les différents collaborateurs, en rupture avec les anciennes méthodes, ont permis d'attirer l'attention de chacun sur les difficultés de l'entreprise. La possibilité de s'exprimer a aussi permis à chacun de susciter de l'intérêt pour la mission de l'autre, le voisin, le collaborateur d'un autre service, en lui posant des questions, et bien évidemment de susciter l'intérêt pour de potentielles solutions.

Pour attirer l'attention, on peut organiser des ateliers d'échanges comme l'a fait Pierre, mais on peut imaginer d'autres moyens : mise en place de projets transversaux, déplacements de collaborateurs de services fonctionnels sur des sites opérationnels pour travailler sur des processus, mise en place d'une communication interne plus accessible, dire bonjour à tous en arrivant alors qu'avant on ne le faisait pas, prendre le temps d'un café avec ses collaborateurs.

Revenons quelques instants à Lise, trente-sept ans, consultante senior dans un cabinet de conseil. Ses supérieurs souhaitent qu'elle travaille son impact sur les clients et ses équipes. Au bout de quatre séances, je lui présente le modèle AIDA, et nous échangeons pour la première fois sur le modèle. Quand Lise revient pour sa cinquième séance, elle n'est plus la même…

Non, Lise n'a pas été ensorcelée entre-temps, ni pendant que nous parlions du modèle, ni entre les deux séances. Elle a juste réfléchi à ce qu'éveillaient en elle les trois notions du modèle : « attirer l'attention », « susciter l'intérêt » et « provoquer le désir ». Lise ne s'était jamais posé la question de son management ou de sa communication dans ces termes.

Après avoir pris conscience de sa mission par rapport aux clients comme nous l'avons vu au chapitre précédent, nous redessinons les contours de sa mission avec ses équipes, car l'un ne va pas sans l'autre : leur faire confiance, se reposer sur leurs expertises, les prendre en considération, apprécier leurs apports, etc. En fait, nous définissons comment « attirer leur attention » et « susciter leur intérêt » par rapport à la mission du service dont Lise est le manager mais pas encore le leader.

Concernant les collaborateurs, elle va devoir prendre en compte leurs souhaits individuels d'évolution et de positionnement dans l'équipe. Collectivement, il apparaît que l'esprit de l'équipe est plutôt en construction et qu'elle a à cœur de présenter des recommandations pertinentes en répondant aux besoins du client. À elle de s'appuyer sur toutes ces trouvailles en développant le « A » avec des questions du type :

- *Les réunions d'équipes sont-elles suffisamment nombreuses ?*
- *Comment sont-elles planifiées et animées ?*
- *Sont-elles constructives et utiles ?*
- *Comment m'adresser à mes collaborateurs de manière à ce qu'ils se sentent considérés ?*
- *Comment jugent-ils nos échanges ? Comment les impliquent-ils réellement ?*

Comme on vient de le constater, la manière d'attirer l'attention varie en fonction du contexte et aussi de ses propres « habitudes » managériales. Attirer l'attention veut aussi dire qu'on remet en question nos habitudes. Les routines sont parfois rassurantes mais endorment ceux qui y sont assujettis et tuent dans l'œuf la créativité, la curiosité, l'épanouissement... toutes ces choses qui résident dans la nouveauté[1].

Attirer l'attention demande une investigation de la part du manager-leader et l'amène, tout naturellement, à se poser la question de ce qui peut bien intéresser ses collaborateurs...

SUSCITER L'INTÉRÊT : « AH OUI ? »

Dans le modèle AIDA appliqué en publicité, le I d'« Intérêt » sert à démontrer le bénéfice que peut avoir le consommateur s'il achète le produit et le service.

1. Rappelons que l'épanouissement est le résultat du besoin de s'accomplir décrit dans la pyramide de Maslow.

COMMENT TRANSPOSER CETTE TECHNIQUE À SON PROPRE MANAGEMENT DANS L'ENTREPRISE ?

Bien sûr, la manière de susciter l'intérêt est vaste. Il serait prétentieux de prétendre connaître l'intérêt de chaque individu dans les organisations. En entretiens individuels, certains de mes clients me parlent de l'intérêt qu'ils trouvent ou pas dans leur job. C'est « intéressant » quand on comprend ce que l'on fait, le sens de son action, quand on entrevoit l'issue, ou quand on la connaît, quand on peut replacer son action dans une perspective plus globale, quand on apprend, quand on progresse, quand on a l'impression de participer à une édification commune et que l'organisation reconnaît cet apport.

Dans notre exemple, l'intérêt a été suscité par l'aptitude de Pierre à répondre aux attentes de ses collaborateurs, et ce à plusieurs niveaux :

- *Au travers des ateliers inter-services qu'il a mis en place, Pierre et les managers à qui il a confié cette tâche quand cela était plus judicieux ont pu expliquer la situation, et ainsi présenter les avantages qu'il y aurait à l'améliorer. Le principal de ces avantages était que plus personne n'ait à se poser la question « suis-je le prochain sur la liste ? », ce qui pourrissait l'atmosphère. D'autres avantages étaient immédiatement visibles si on trouvait la bonne stratégie et si on atteignait les objectifs : de bonnes conditions de travail, moins de stress, la possibilité d'améliorer ses compétences, et aussi, avantage non négligeable, les primes sur objectifs tenus pourraient enfin être distribuées.*
- *Dans ces réunions, tous les collaborateurs ont pu s'exprimer. De fait, l'image de Pierre a évolué dans leur esprit. Pierre, de son côté, s'est s'engagé à plus de transparence dans la communication du management en général.*
- *Comme Pierre a commencé à évoluer dans son style de communication, ils ont pu percevoir les premiers changements. Il est devenu, par exemple, plus à l'écoute, plus chaleureux, moins cassant, plus clair aussi dans ses attentes, ce qui les a interpellés et a également participé à susciter leur intérêt.*

Le comportement de Pierre a touché les collaborateurs : ils se sont sentis considérés et rassurés. Pierre a ainsi atteint l'objectif de cette phase qui va les amener à désirer trouver des solutions. Durant les ateliers, les collaborateurs ont été très actifs et les pistes dégagées ont été très pertinentes. À leur demande, des groupes de travail ont été créés pour leur permettre de continuer de faire des apports.

SUSCITER L'INTÉRÊT, C'EST AUSSI S'INTÉRESSER À L'AUTRE

Comment prétendre savoir ce qui va intéresser quelqu'un d'autre alors que nous sommes tous si différents ? La biologie génétique nous l'apprend : chaque être humain a un capital génétique unique (sauf les jumeaux monozygotes). Ce caractère unique est confirmé par la psychologie. Cependant, l'être humain n'existe que dans la relation à l'autre, par rapport à l'autre, et il doit travailler avec l'autre, pour recevoir ses ordres ou lui en donner.

Heureusement, on peut identifier des traits communs nécessaires pour travailler ensemble, y compris pour s'engager ensemble dans une mission.

L'implication passe dans tous les cas par un cheminement personnel qui s'exprime par « j'aime » : « j'aime ceci dans mon travail », « j'aime cela », et tout ces « j'aime » sont personnels. Notre modèle AIDA tient compte de cette dimension affective dans le lien qu'il suggère entre le moment où on suscite l'intérêt et celui où on éveille le désir.

> **Susciter l'intérêt de nos collaborateurs présuppose de s'être préoccupé de ce qui les intéresse : ce qu'ils aiment dans leur travail ou pas, ce qu'ils ont envie de développer, quels sont leurs centres d'intérêt. Cela nécessite une réelle écoute, et pas seulement lors de l'entretien annuel. Ces moments d'écoute sont primordiaux et leur cordialité crée le lien indispensable dans la réalisation de missions communes. Le lien est une condition préalable à l'échange.**

Vos collaborateurs peuvent aller au-delà de leurs tâches, s'y adonner, mais ils s'attendent à ce que vous vous en aperceviez. Ils attendent de l'organisation, et de vous, supérieurs hiérarchiques, que vous manifestiez votre reconnaissance. Cela commence par l'intérêt que vous manifestez à ce qui les intéresse et à ce que vous engagerez pour répondre à ce qui les intéresse dans le cadre de leur travail.

Dans le cas de Lise, notre consultante senior, elle a été amenée à se poser les questions suivantes :

- *Chaque membre de l'équipe peut-il s'exprimer dans ce qu'il sait faire ?*
- *Ont-ils l'impression de pouvoir progresser ?*
- *Sont-ils reconnus pour ce qu'ils apportent dans l'élaboration de la solution ?*
- *Comment susciter l'innovation dans la réflexion autour des nouveaux projets ?*
- *Ont-ils le sentiment de participer à une réponse collective et d'y avoir une place importante ?*

Il lui était impossible, bien sûr, de répondre elle-même à ces questions. Des entretiens individuels ont été organisés avec chacun des collaborateurs. Puis, à l'issue de ceux-ci, Lise a établi une grille d'analyse qu'elle a confrontée avec le groupe lors d'un séminaire d'échanges ayant pour objectif de déterminer des axes d'amélioration du travail collectif.

Il y a toujours le moment où chacun doit subordonner ses opinions et préférences à une sorte de compétence collective. L'organisation se construit autour d'une synergie de compétences, de la reconnaissance d'un but commun, d'une implication liée à la collaboration de tous les membres, de l'acceptation de la répartition des rôles, et d'une coordination des tâches par une autorité.

Travailler ensemble repose sur une confiance mutuelle fondée sur un respect des règles communes. Ces règles tentent de rendre conciliables des intérêts personnels avec un intérêt collectif.

C'est peut-être là aussi que se niche le fameux charisme dont tout le monde parle sans arriver à l'expliquer, cette influence exercée sur des personnes qui vont dépasser à un certain moment leurs intérêts individuels et les déplacer vers des buts plus collectifs. Cette influence, ce pouvoir de séduction, ce petit je-ne-sais-quoi, touchent l'affect de l'autre et l'amènent à agir. Souvent, mes clients me parlent de cette fascination qu'ils ressentent pour leur patron. Quand je leur demande d'expliquer ce qu'ils éprouvent, il y a à la fois des éléments très factuels et d'autres moins confortables à exprimer.

Dans les éléments factuels, le patron qu'on admire « connaît les gens qu'il va rencontrer », paraît « abordable », « est clair dans les explications qu'il donne ». On en revient à ce qui les intéresse : le sens, la vision, comprendre, se positionner dans un tout.

Dans les éléments moins clairs, il y a le fameux « il sait donner envie aux gens : avec lui, les gens ont envie, ils ressentent le désir de faire ». Ce qui nous conduit à parler du D du modèle AIDA.

Ce D est souvent une surprise pour les participants quand je travaille en atelier. Instinctivement, le D évoque plutôt la décision. Et pourtant, quand on y réfléchit, la référence au désir semble logique. Grâce aux apports de la philosophie, de la psychologie, de la sociologie, nous savons que notre raison est pour bien peu de chose dans nos propres choix, décisions et actions. Nous comprenons combien le moteur du désir est puissant et quelle impulsion il donne à tous nos actes, y compris les plus réfléchis.

TROUVER SON DÉSIR POUR RENCONTRER LE DÉSIR DE L'AUTRE : « HUMM... »

Qu'est-ce que le désir ?

D'une part, nous savons que le désir est reconnu comme une tension vers quelque chose (en ce sens, il représente un manque). On espère de cette chose une satisfaction, que le besoin soit identifié ou non.

D'autre part, le désir est considéré comme un moteur, producteur de ce qu'il a anticipé : en ce sens, il ne peut que nous intéresser puisque nous cherchons le moteur de l'action de l'autre.

Dans le désir, le plaisir est souvent la récompense. La satisfaction peut ou non nous permettre d'être heureux. C'est notre volonté qui permet de gérer nos désirs selon que nous les considérons bons ou mauvais pour nous. Souvent, quand nous sentons ou savons ce qui est bon pour nous, nous recherchons très activement à satisfaire notre désir, et à nous faire plaisir. Si le désir est un moteur et le plaisir une sorte de récompense, on comprend bien que ce qu'on attend de l'autre ne peut pas se résumer dans une simple équation « action = tâches à accomplir + attente d'un gain ». Le gain est certes important, mais il ne constitue pas à lui seul le plaisir que le collaborateur retire de l'accomplissement d'une tâche alors qu'il est impliqué et engagé.

> **Dans le cadre professionnel, on a tellement cherché à rationaliser le travail qu'on a oublié que, sans désir, l'action devient « forcée », c'est-à-dire sans saveur, triste et ennuyeuse. Le désir créé, il donne des « en-vies » et nous permet de nous sentir vivant dans l'action.**

D'une manière générale, cette question est complexe. Elle fait référence au plaisir de travailler. Cette notion a été mise à mal par les discours sur le temps de travail, notamment lors du débat sur les trente-cinq heures. Sans jugement sur le sujet, regardons la façon dont le débat a été mené : le travail est toujours présenté comme une contrainte. Ce discours ambiant pèse lourdement sur ce que nous pouvons ressentir dans nos activités professionnelles puisqu'il est acquis maintenant, dans une sorte d'inconscient collectif, que la vraie source de satisfaction serait dans les loisirs. Le travail, lui, est condamné à sa parenté au *tripalium* (en latin), instrument de torture à trois pieux utilisé par les Romains pour punir les esclaves rebelles ! Le mot par lui-même confère à ce qu'il désigne un caractère de contrainte et d'assujettissement. Où est donc le plaisir ?

Pourtant, prendre du plaisir dans le travail reste une alternative on ne peut plus positive à la nécessité de travailler. Il ne s'agit pas ici seulement de « travailler plus pour gagner plus », mais bien de « prendre plus de plaisir à travailler ». Cela peut avoir pour conséquence de travailler plus, mais surtout, ce qui nous intéresse là, de travailler mieux, c'est-à-dire en étant motivé, engagé, impliqué, parce que cela nous intéresse. Notre plaisir peut prendre des formes très variées :

nous sommes heureux de développer de nouvelles capacités, d'apprendre de nouvelles techniques, de connaître de nouvelles personnes, d'avoir l'impression de progresser, de participer à quelque chose de plus grand, d'avoir des collègues sympathiques, de créer du lien par de simples gestes comme de sourire ou de remercier, de travailler dans un cadre agréable, et aussi d'être reconnu dans notre contribution et nos progrès, etc.

L'environnement de travail, le management, la politique de formation, les valeurs de l'entreprise et le lien social jouent dans ce cas un rôle considérable dans le D d'AIDA. De plus en plus, le management opérationnel prend conscience qu'il faut réintroduire du sens, du lien et de l'échange basé sur l'écoute et la reconnaissance. Mais tout là-haut, dans les holdings, ceux qui devraient donner *le* sens prennent parfois des décisions insensées… Elles aboutissent à des restructurations en silos opaques, qui interdisent tout moment de convivialité et qui structurent à outrance tous les liens humains. Ils oublient que la sacro-sainte rentabilité ne peut pas se faire sans les femmes et les hommes qui la produisent. Comme le souligne Jacques Attali, « on a intérêt au bonheur des autres, on a intérêt à ce que les autres ne soient pas malades, on a intérêt au succès des autres parce que nous sommes une équipe collective ».

Nous éprouvons aussi du plaisir à travailler avec quelqu'un ou pour quelqu'un « parce qu'il nous donne envie ». Nous revenons ici aux éléments moins clairs évoqués plus haut et qui font qu'un boss nous fait bouger.

Pour éclaircir ce sujet, nous pouvons nous rappeler que le désir pose l'autre comme un autre désir qui doit me reconnaître : cette interactivité du désir est fondamentale. Du désir naît souvent l'envie, définie comme la volonté de faire ou de posséder quelque chose, mais sans forcément en avoir besoin. Si vous avez soif, vous allez boire pour apaiser cette sensation, mais vous pouvez aussi boire un verre, juste pour le plaisir, avec des amis, qui boiront du coup eux aussi un verre avec vous.

> **À cet égard, en tant que manager-leader d'une équipe, et donc conducteur de celle-ci, mon propre désir et mon envie sont pour beaucoup dans le désir et l'envie que je peux déclencher chez les membres de l'équipe. Et s'il n'est pas certain à 100 % que mon propre désir ou ma propre envie entraînent l'envie de l'autre, il est vrai sans conteste que l'absence d'envie chez moi ne peut déclencher chez lui ni désir ni envie.**

Cette remarque peut paraître bénigne, mais elle amène chacun à une petite introspection.

Dans l'exemple que nous avons pris, Pierre, le patron de la filiale dans le prêt-à-porter, a dû se poser cette double question : quel est mon désir ? De quoi ai-je envie, moi, au fond de mon cœur ?

Comme le désir et l'envie sont particuliers et propres à chacun, la réponse de Pierre ne peut découler que d'un cheminement. Ce cheminement passe par des questions comme :

- *Pourquoi ai-je accepté ce poste ?*
- *Quelle est ma mission ?*
- *Qu'est-ce que l'organisation attend de moi et qui n'est pas clairement écrit dans mon contrat de travail (la mission implicite) ?*
- *Quels sont mes objectifs personnels ?*
- *Quelles sont mes valeurs et que représentent-elles à mes yeux ?*
- *Comment vais-je pouvoir les exprimer dans le cadre de cette mission ?*
- *Quelle est la bonne posture dans cette mission ?*
- *Puis-je m'adapter à cette posture ?*
- *Quel style de management conviendrait aux équipes ?*
- *Puis-je modifier mon comportement facilement en y prenant moi-même plaisir ou est-ce un tel effort que c'en est douloureux ?*
- *Comment vais-je pouvoir communiquer et traduire mon désir ?*
- *De quel type de reconnaissance ai-je besoin ? Et l'autre, de quel type de reconnaissance a-t-il besoin ?*

Ce cheminement a permis à Pierre d'éclaircir son propre désir. Il a pu faire des choix avec plaisir : faire évoluer son comportement en restant dans son désir lui a permis d'être juste, à la fois par rapport à lui-même et par rapport aux autres.

Souvenez-vous, dans le cas de Lise, la consultante : lorsque la question de son propre désir a surgi, elle a dû l'analyser et remettre à sa place ce qui était de l'ordre de sa mission et de son ego mal placé. Lise aime son métier, elle a envie de bien le faire et de réussir dans sa mission. À cette fin, elle a envie de construire une nouvelle stratégie personnelle et relationnelle pour impacter ses collaborateurs et ses clients. Parce qu'elle est au clair avec toutes ses envies, elle peut à présent se poser la question de comment provoquer leur désir. Ce faisant, elle est juste avec elle-même et se sent bien dans sa peau.

> **Le manager-leader fait un travail constant d'allers-retours entre son désir et celui des membres de son équipe. C'est une gymnastique à laquelle il s'accoutume comme une deuxième peau pour devenir le manager-leader dont on a besoin dans un monde économique trop rapide, trop stressé, trop violent pour les individus.**

Ce faisant, il éclaircit son désir en rapport avec ses valeurs et peut mesurer si le système dans lequel il doit gérer de l'interdépendance lui permet de le faire tout en respectant ses propres valeurs. Ayant pris du recul par rapport au système qui l'englobe, le manager-leader ne subit plus les choses avec cette impression de se noyer ou d'être abandonné de tous au milieu d'un ouragan.

Alors, le désir trouve son accomplissement dans le plaisir et le sentiment de fierté : nous sommes fiers de ce que nous faisons, de notre entreprise, de notre fonction. Chacun d'entre nous a besoin de cette fierté.

Pierre était fier d'avoir réussi : « Je suis fier du chemin parcouru : grâce au travail que nous avons fait ensemble, la confiance est rétablie et l'état d'esprit est sain. » Les collaborateurs qui nous entourent ne demandent pas mieux que d'être fiers aussi : fiers de leur participation à une « œuvre » commune, fiers de l'organisation dans laquelle ils sont un peu plus qu'un simple rouage, fiers de leurs patrons.

Le désir se distingue du besoin et pourtant, il en est un aussi : c'est son côté paradoxal. Nos collaborateurs ont donc besoin de désirer. Le modèle AIDA nous pousse à nous rappeler cette évidence. Lorsque les collaborateurs le désirent, ils passent à l'action... et quelle action !

L'ACTION DE L'AUTRE : SE RÉALISER LIBREMENT

« Capter l'attention, éveiller l'intérêt, susciter du désir » ne revient pas à imposer ses idées à tout prix et à n'importe quel prix. Il ne s'agit pas de « vente forcée » : gare aux lendemains qui déchantent ! L'entreprise est un système complexe qui ne pardonne pas la désillusion : elle se traduit illico par la démotivation des collaborateurs, le désengagement et toute sa cohorte de déclin de qualité, d'innovation, de service.

> **Il s'agit de « faire acheter » une idée, un projet, une décision. « Faire acheter » part de soi, indubitablement. Mais, plus encore, cet achat doit être consenti librement par l'autre, la raison et le désir de l'autre y trouvant leur compte.**

Cette notion de liberté peut paraître étrange. De quelle liberté parle-t-on dans un cadre aussi contraignant que celui du travail ? Au sentiment de liberté absolu répond l'angoisse, et nos existences ont besoin de projet et de buts précis. Donner une forme à la liberté, c'est en faire un projet, lui donner un sens, ce qui signifie faire sens par rapport aux autres. Pour cela, nous les humains, nous nous donnons des rôles par rapport aux autres et l'engagement est une porte de sortie face à l'angoisse d'une liberté désœuvrée.

L'action de l'autre n'est pas un acte gratuit, c'est-à-dire accompli sans raison. C'est l'expression d'une intention d'agir. Notre conscience est toujours guidée par des motivations. Husserl[1] appelle cela « l'ego de la liberté ». L'ego choisit ses propres visées en fonction de motivations et les motivations orientent l'action. Dans l'action, la conscience, parce qu'elle est intentionnelle, se tourne vers un objectif à atteindre qui devient le sien propre. Ainsi, même s'il existe d'indéniables dépendances (économique, culturelle, affective, psychologique,

1. Edmund Husserl (1859-1938), philosophe et mathématicien allemand, fondateur de la phénoménologie.

intellectuelle, biologique, etc.), l'être humain peut toujours prendre conscience de ses motivations, les énoncer, et s'en servir pour se réaliser. Suivant Bergson[1], se réaliser et être libre, c'est accomplir ce que nous portons de plus précieux tout au fond de nous-mêmes.

Dans le système de contraintes et d'interdépendances que représente l'entreprise, si nous prenons le temps d'écouter l'autre, nous pourrons alors comprendre ce qu'il porte de précieux et qu'il veut accomplir dans sa mission. L'adhésion et l'action suivent d'autant mieux que le management quotidien est basé sur la considération, l'écoute et le respect.

Outre sa faculté de se réaliser, notre collaborateur dispose de son libre arbitre. Certes, il ne peut pas tout choisir de façon absolue, mais il choisit de s'adonner à sa tâche ou pas, il choisit de s'engager ou non. Le constat est là : on ne peut pas contraindre quelqu'un à s'engager. De plus, l'action de l'autre s'explique aussi par des causes extérieures et s'insère dans une continuité qui lui est propre, comme son passé, ses croyances, ses origines, etc. Cela rend la tâche difficile au prétendant manager-leader !

Devant l'immensité de tout ce qui nous dépasse, il devient impératif de mettre toutes les chances de notre côté. Pour nous y aider, AIDA nous invite à considérer l'action de la personne en face de nous comme une conséquence directe d'actes de management, de communication et d'échanges qui font un tout, se répondent en cohérence, s'interconnectent.

ÊTRE UN MANAGER-LEADER AVEC AIDA

AIDA invite à une introspection de son propre management. Pour ce faire, vous pouvez vous aider des quatre phases suivantes.

1. Henri Bergson (1859-1941), philosophe français.

QUEL TYPE DE MANAGEMENT AI-JE ADOPTÉ, DE FAÇON NATURELLE OU NON ? AVEC QUELS RÉSULTATS SUR LES ÉQUIPES ?

Ces questions obligent à observer ses pratiques avec lucidité à la lumière du modèle AIDA. Cela nécessite de croiser ses résultats avec une analyse du système de l'entreprise où ils ont été produits. Ces questions permettent aussi d'accepter que la motivation et l'implication chez l'autre ne sont pas présentes *a priori*.

QUEL TYPE DE MANAGEMENT A CONNU CETTE ÉQUIPE AVANT MOI ? ET AVEC QUELS RÉSULTATS ?

Dans ce cas, on s'intéresse au passé, non pour le critiquer, mais pour le comprendre, en tirer un enseignement qui va au-delà du simple constat. On peut placer le management précédent sur la grille de lecture du modèle AIDA : comment votre prédécesseur réglait-il à sa manière les trois questions de l'attention, de l'intérêt et du désir ? Quelles ont été, chez les managés, les conséquences sur leur implication ? Comment cela s'est-il traduit dans leur comportement et dans leurs résultats ?

QUEL TYPE DE MANAGEMENT AMÈNERAIT CETTE ÉQUIPE NON SEULEMENT À ATTEINDRE SES OBJECTIFS, MAIS À RÉUSSIR DANS LA DURÉE ?

Cette étape est sûrement la plus difficile. Il faut faire bouger des individus et générer une dynamique de groupe ayant pour résultat de la compétence et de l'implication individuelles et collectives. L'implication génère de la motivation. Voilà donc de nouveau la question de la motivation, et avec elle, celle du désir, qui pointent de nouveau le bout de leur nez...

Cette étude requiert les qualités d'écoute, de compréhension, de non-interprétation de ce qui est dit ou vu, et d'analyse. À ce moment, il est nécessaire de sortir un peu de soi et de s'intéresser à l'autre. Et c'est cela qui est difficile, car on n'a pas choisi de faire de la finance, du design d'objet, de la vente de produits ou de services, de l'administratif, de la stratégie de marque, ou que sais-je encore, pour s'intéresser à son prochain.

« Ils sont là pour bosser, non pour avoir des états d'âme », souligne Luc (vous vous souvenez de Luc : il a été licencié après le lancement réussi d'un nouveau modèle de voiture à cause d'un problème avec ses équipes).

Oui, peut-être, mais de l'« âme », on en a besoin dans les organisations d'aujourd'hui. Dans le contrat implicite, l'organisation vous demande d'aller chercher le « supplément d'âme » de vos collaborateurs, celui qui va les faire s'engager. Dans le modèle AIDA, ce « supplément d'âme » est le fruit de son désir et du vôtre.

COMMENT PUIS-JE ADAPTER MON STYLE DE MANAGEMENT AUX BESOINS DE CETTE ÉQUIPE PARTICULIÈRE, DANS CE CONTEXTE, ET POUR RÉUSSIR DANS LA DURÉE ?

Est-ce pour moi un compromis, un sacrifice, complètement contre nature au point d'être en désaccord avec moi-même ?

Cette quatrième phase implique de ne pas se sentir supérieur ou détenant une vérité sur le management idéal. On peut avoir une vérité sur soi à un instant T, sur ce qu'on aime ou ce qu'on n'aime pas, ce sur quoi on est à l'aise ou pas, sur ses inclinations dites naturelles... Et encore, chacun change et c'est heureux.

Jetons encore un petit coup d'œil sur le cas de Luc, notre directeur marketing dans le secteur automobile. Au départ, Luc a souhaité intégrer les membres de son équipe à la réflexion sur « comment on fait » et leur a demandé de formuler des propositions. Les membres de l'équipe étaient ravis de cette opportunité car on ne leur avait jamais demandé cela. Ils ont présenté des recommandations que Luc a vivement critiquées car elles ne correspondaient pas à ce qui se fait habituellement dans ce type de métier. Il leur a demandé de recommencer de nombreuses fois. Du coup, Luc a vite perdu l'avantage de cette bonne idée, sans d'ailleurs s'en rendre compte. Ne trouvant pas ses équipes compétentes, suivant ses critères à lui, il a commencé à sous-

traiter certaines tâches à des prestataires extérieurs. Ce qui a, bien sûr, engendré une forte démotivation. Luc reconnaît avoir un management directif, assez peu différent du management précédent sur le fond. Cependant, Luc critique fortement son prédécesseur: « Vous vous rendez compte ? Elle leur faisait des gâteaux ! me dit-il. Je ne vais quand même pas leur faire des gâteaux, on est là pour bosser, non ? »

Oui, évidemment que oui, on est là pour bosser. Non, il n'a pas besoin de faire des gâteaux, si ce comportement est en désaccord avec son caractère. Mais l'analyse du système passe par une analyse claire du management précédent, en acceptant que tout changement passe par des phases d'adaptation, d'explication, de validation par les parties et d'évaluation. AIDA nous aide dans toutes ces phases en nous forçant à comprendre chez nous et chez l'autre ce qui peut le porter à investir sa propre mission. Alors qu'il avait attiré leur attention, Luc n'avait qu'à saisir l'intérêt que portaient les membres de son équipe à sa nouvelle façon de travailler. Il suffisait de les accompagner vers de nouvelles compétences de façon à ce qu'ils progressent plutôt que de les mettre en défaut en permanence. Mais Luc en avait-il envie ?

La question de son propre désir appelle la question de la mission : qu'est-ce que réussir ma mission ? Qu'est-ce que l'entreprise attend réellement de moi (contrat implicite) ?

Accepter la mission dans une entreprise, c'est analyser son désir : le désir se rapporte-t-il à mes préférences personnelles ou à la réussite de ma mission ?

Et, pendant qu'on y est, c'est aussi faire le tour de son ego :

- Quelles sont les préférences personnelles que je suis prêt à travailler ?
- Quelles sont mes résistances ?
- Quelles résistances devrais-je accepter de laisser tomber parce qu'elles sont le fruit de mon ego mal placé ?

Dans le contrat implicite dont on a parlé au chapitre 2, il y a quelque chose de cette question qui se joue tout le temps : l'entreprise compte sur votre potentiel à comprendre ce qu'il va falloir comprendre et changer sans qu'on ait besoin de vous le dire, de préférence.

L'intérêt du modèle AIDA est d'imposer et de structurer une remise en question globale de sa propre faculté d'adaptabilité aux situations, aux personnes, aux organisations et aux évolutions sociétales et, dans le même temps, de poser un regard profond sur sa propre cohérence.

Être un manager-leader avec AIDA :

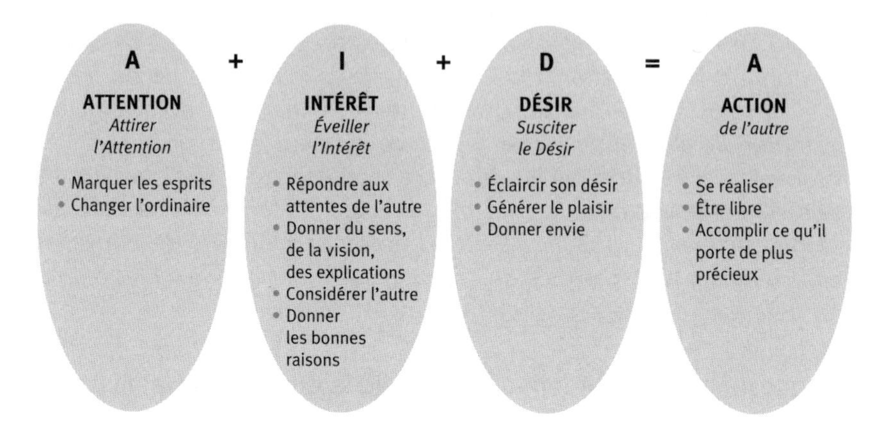

Ce modèle permet à chacun de mettre le maximum de chances de son côté pour « faire faire quelque chose à quelqu'un parce qu'il en a envie ». Ainsi, on donne toute possibilité à nos collaborateurs de s'impliquer, d'être « dans » leur tâche, de s'adonner, de donner le meilleur d'eux-mêmes.

N'est-ce pas dans cette optique que nous avons été recrutés ? Que nous avons, nous-mêmes, recruté par la suite ?

Chapitre 5

La parole : accoucher d'une montagne… ou d'une souris

« Tant que tu n'as pas parlé, la parole est en ton pouvoir, mais échappée de ta bouche, elle te tient en son pouvoir. »
Abu Shakour, poète persan du Xe siècle.

Vous ne me contredirez pas : dans l'ensemble, on parle… beaucoup. Les échanges entre humains se caractérisent par l'utilisation du langage oral. Malgré le développement rapide de la communication par courriel, la parole en est le principal support, y compris dans les organisations. Donc, on parle toujours beaucoup et je dirais volontiers que cela représente 90 % de notre temps dans la majorité des professions !

De manière générale, les gens n'ont pas envie d'entendre qu'ils passent une grande partie de leur temps à parler. Cela leur paraît dévalorisant. Comme si la parole était accessoire et qu'elle ne comptait pas. Pourtant, c'est tellement normal de parler… On fait cela depuis tout petit ! Mais si on admet qu'on passe beaucoup de temps à parler, on fait figure de bavard. Pas top !

Malgré tout, nous sommes contraints à nous exprimer oralement tout ou partie de la journée. La parole est tellement présente que l'on ne s'en rend même pas compte, et du coup, on ne se rend pas compte non plus de l'impact positif ou négatif que nos paroles quotidiennes ont sur notre entourage.

Est-il possible, dans une situation managériale, de s'absoudre d'une réflexion sur une composante aussi impactante de notre comportement ? Est-il possible pour un manager-leader de ne pas se préoccuper de sa manière de communiquer avec les autres, alors qu'il s'exprime toute la journée, que ce soit devant le « grand patron », devant un vaste public ou même devant la machine à café ?

Ce chapitre va nous permettre de comprendre pourquoi il est essentiel de se pencher sur notre parole au quotidien, ce qui se joue avec nos collaborateurs dès que nous ouvrons la bouche, quelle est notre responsabilité, et enfin, comment nous pouvons devenir stratège de notre parole.

QUAND VOUS PARLEZ, VOUS MANAGEZ

Dès que vous mettez le pied dans votre bureau ou que vous appelez un collaborateur, vous rentrez dans votre mission. Tout ce que vous dites va dans le sens de vos objectifs, ou au contraire, s'y oppose.

Anne-Marie a pris des fonctions de directrice générale dans une société d'édition après avoir grimpé tous les échelons. Elle y travaille depuis quinze ans et connaît tout le monde. « Quand j'ai pris mes fonctions de directrice générale, je n'ai rien changé à mes habitudes, j'ai continué à prendre mon café au distributeur avec tout le monde. Mais j'ai pris conscience que mes paroles n'avaient plus le même poids le lendemain d'un jour où j'ai dit le plus naturellement du monde que j'étais claquée et que j'aurais du mal à finir ma journée. J'ai appris quelques jours après qu'une rumeur faisait son chemin auprès des équipes que je n'en pouvais plus, et que j'allais démissionner. J'ai compris alors que mes paroles, même les plus ordinaires pour moi, pouvaient déboucher sur des situations compliquées ! »

Votre parole, même quotidienne, est un outil de communication majeur. À ce titre, elle fait partie intégrante de l'acte de management. Nous échangeons des points de vue, nous « brainstormons », nous organisons des réunions, nous présentons nos idées, nous discutons de nos projets, nous papotons près de la machine à café, nous conversons de longues heures au téléphone ou en *conf call*, et tout cela à un rythme effréné. Cela ne veut pas dire que tout le monde aime cela. Beaucoup de gens affirment ne pas apprécier discuter au téléphone, répugner à s'exprimer en public, ou rester taciturne en sirotant leur tasse de café. Et pourtant, tous les managers mettent en jeu leur « savoir-dire » des centaines de fois par jour. Chaque parole est une prise de parole en ce sens que cette parole va être prise par l'autre pour en faire quelque chose, soyez-en certain !

La parole n'est donc pas importante uniquement quand on doit s'exprimer devant un auditoire plus vaste ou lorsqu'on a un enjeu majeur, ce qui est bien souvent le seul moment où on s'en préoccupe. On réalise que l'« on ne sait pas parler », que l'on a « un problème de communication » quand la perspective d'affronter la salle nous tétanise. Public vaste, personnalités importantes, enjeux personnels forts, présence de personnes inconnues : beaucoup de gens ont peur de s'exprimer devant cent personnes, mais savent-ils parler à une seule personne et l'impacter dans le bon sens ?

Pourtant, même et surtout dans des situations de travail quotidiennes, la parole est le principal support du management : elle lui confère un sens, elle ordonne, elle suggère, elle indique, elle soutient, elle complimente, ou au contraire, elle casse, détruit, effraie... Bref, elle a une importance considérable dans la relation avec l'autre, le collaborateur, le client, le fournisseur, le supérieur hiérarchique, etc. L'enjeu est présent en permanence : quand vous parlez à vos collaborateurs ou à vos supérieurs, cela ne peut pas être gratuit. Pas de repos pour les braves !

NON, LA PAROLE N'EST PAS GRATUITE !

Dans nos organisations, la parole est une partie importante du processus de communication. D'après Jacques-Antoine Malarewicz[1], qui est à la fois psychiatre, superviseur de consultants en entreprise

1. Jacques-Antoine Malarewicz, *Systémique et entreprise*, éditions Village Mondial, 2000.

et coach, « communiquer, c'est tenter de rendre l'autre davantage prédictible ».

Rendre l'autre prédictible nous intéresse fortement, car nous cherchons à l'impacter, et donc à prévoir ce qu'il va faire, notamment dans un sens qui nous arrange.

« Je ne comprends pas ce qui ne va pas, nous confie François, quarante-deux ans, responsable du développement commercial dans une société de conseil en marketing implantée en région bordelaise. Quand on prépare une compétition pour gagner un nouveau client, on fait toujours une réunion de briefing. J'ai l'impression d'être clair, et qu'à la fin, tout le monde est d'accord sur ce qu'on doit faire. Pourtant, quand je relis leurs contributions, ce n'est ni fait, ni à faire, ni à refaire, il manque toujours quelque chose pour que la réponse à l'appel d'offres soit parfaite. Total des courses, nous sommes souvent "en charrette" pour finir les dossiers de présentation, et ils ne sont pas à la hauteur de ce que nous avions envisagé au départ. C'est un peu décevant, car je suis persuadé que nous sommes les meilleurs dans notre catégorie et qu'on pourrait gagner plus de compétitions si tout le monde se bougeait de façon plus constante… »

François n'est pas conscient à quel point sa parole lors de la réunion de briefing compte dans la façon dont ses collaborateurs vont se saisir de leur mission. Ils vont s'impliquer totalement ou faire juste ce qu'il faut. Ils vont se sentir pousser des ailes et donner le meilleur d'eux-mêmes, ou bien faire leur métier chacun dans sa fonction, juste comme il faut. Dans le cas de François, la société ne souffre pas d'un manque d'engagement constant, mais seulement « certaines fois », après les réunions de briefing, les collaborateurs ne font pas ce qui est attendu d'eux. C'est d'autant plus regrettable que, « quant tout le monde se bouge », l'entreprise gagne les compétitions. Devant un tel constat, cela ne vaut-il pas le coup pour François de se demander comment améliorer sa communication pendant les briefings ?

Quand on communique avec l'autre, et notamment quand on lui parle, « chacun essaye d'être en mesure de prévoir les prises de position ou le comportement de son interlocuteur, d'où le terme de prédictibilité. Chacun cherche à amener l'autre sur son propre territoire, sur ses propres croyances, sur ses propres certitudes. En ce sens, et *a fortiori* dans un contexte professionnel, toute communication vise à introduire un changement chez l'autre : c'est là l'enjeu de toute interaction »[1].

Si dans les entreprises, la communication vise « à introduire un changement chez l'autre », elle doit permettre l'acte de l'autre, elle est donc agissante ! Ce changement a évidemment pour objectif que l'autre fasse ce qu'on voudrait qu'il fasse. Elle devient donc un élément important du leadership du manager, un des éléments prépondérants qui va faire qu'il peut devenir un manager-leader.

D'un point de vue général et le plus partagé du monde, la vocation capitalistique de l'entreprise implique une stratégie tournée entièrement vers les principes de rentabilité. Le bien-être des salariés, leur motivation et leur nécessaire implication ne sont pas que des préoccupations humanistes. On peut le regretter car de jolis projets meurent tous les jours faute de rentabilité, mais toutes les actions mises en place, y compris les plus humaines dans leur apparence et dans leur application, doivent rencontrer la réussite financière.

Ainsi, la communication dans l'entreprise a pour objet, dans 99 % des cas, d'amener l'autre à faire une action rentrant dans le cadre des objectifs de rentabilité. La prise de parole, orale mais aussi écrite, quelle qu'en soit la forme, répond à cet objectif ultime. Chaque parole dans l'entreprise est une « prise de parole » en ce sens qu'elle porte à conséquence dans ce cadre.

IL N'Y A PAS DE PAROLE ANODINE

Cela peut faire peur, je le conçois. Cela laisse peu de place à la spontanéité, au naturel et surtout à la naïveté. Mais l'entreprise est-elle un système « naturel » ? Est-on là pour laisser parler notre nature sans se préoccuper des conséquences ? Bien sûr que non !

Notre mission nous impose de penser nos actes, nos décisions, et même notre comportement. Nous apprenons des techniques afin de remplir nos missions, y compris celles de « mieux » entraîner les autres

1. Jacques-Antoine Malarewicz, *ibid.*, p. 31.

à « mieux » faire leur job et de permettre à l'entreprise de gagner de l'argent. Dans cet esprit, notre communication et notre parole doivent être « pensées » par rapport aux objectifs de notre mission.

Certains peuvent ici envisager qu'il s'agit d'apprendre à manipuler l'autre et que ce n'est pas très éthique. Malarewicz est clair sur ce sujet : communiquer, c'est manipuler ! Il écrit : « Communiquer, donc manipuler, c'est faire en sorte que l'interlocuteur accepte de prendre une position, d'adopter un point de vue, d'aller vers une décision, qu'il considérait jusque-là comme lui étant étrangers. »[1]

PARLER, C'EST MANIPULER ?

C'est *la* question. Si nous demandons à quelqu'un de nous passer le pain au bout de la table, ce qui nous importe, c'est qu'il nous passe le pain. Nous savons que la forme que nous employons quand nous formulons cette demande peut changer le résultat. Notre éducation nous a appris à demander avec politesse, voire considération, ce qui rend cette demande acceptable et la réponse de l'autre, quand il donne le pain, paraît normale.

Dans ce sens, nous pouvons considérer que nous manipulons les autres toute la journée, par de multiples demandes de toutes sortes, formulées directement ou indirectement. *A fortiori*, notre vie professionnelle nous amène à « manipuler » de nombreux « autres », le collègue, le subordonné, le patron, pour qu'ils agissent comme nous l'avons préalablement déterminé.

Le problème éthique que sous-entend le terme « manipulation » nous amène à nous poser un certain nombre de questions que, personnellement, je trouve tout à fait pertinentes et indispensables.

Lorsque, par la parole ou grâce à la communication, j'amène l'autre à faire quelque chose :

- Ai-je validé que l'acte visé est en accord avec ma propre éthique ?
- Est-ce que je considère que c'est juste ?

1. Jacques-Antoine Malarewicz, *ibid.*, p. 32.

- Est-ce que ce que je demande sert mes seuls intérêts ou est-ce au profit d'intérêts collectifs ?
- Est-ce en cohérence avec ma mission, c'est-à-dire la somme du contrat explicite et du contrat implicite ?
- Et surtout, suis-je en accord au fond de moi avec ce que nous faisons dans cette organisation ?

Notre éthique personnelle peut nous empêcher de faire faire à une personne une chose avec laquelle nous sommes en désaccord. Et c'est tant mieux, car c'est là que réside notre libre arbitre et qu'entrent en scène nos propres principes éthiques. Ainsi, notre capacité à influencer l'autre dépend de l'harmonie entre notre propre éthique et notre mission. C'est plutôt une bonne nouvelle, car si être charismatique par la parole s'apprend, cet apprentissage ne peut pas faire l'impasse d'une réflexion personnelle sur l'harmonie entre le « pourquoi faire » et ce que nous sommes au fond de nous.

La manipulation telle qu'on l'entend ici n'est ni positive ni négative. Elle est. Elle est l'objet de l'acte de communication. Un participant à un atelier « Gagner en impact » que j'anime régulièrement s'est exclamé : « Mais non, ce n'est pas de la manipulation, c'est du leadership ! Dans l'entreprise, plus l'autre sera prompt, voire heureux, de vous "passer le pain", plus on dira de vous que vous avez du charisme. Et si cet autre s'est bien enquis avant de vous le passer de sa fraîcheur et de sa qualité, vous aurez la réputation d'avoir du leadership. » Intéressant, non ?

Je pousse le bouchon un peu loin avec mon histoire de pain ? Peut-être. Mais réfléchissez bien à votre communication au quotidien, chez vous, avec vos proches, puis au bureau. Dans combien de cas vos paroles et vos gestes sont-ils émis sans attendre quelque chose de l'autre ? Soyez sincère : qu'attendez-vous ? Une action précise ? Une marque d'attention ? De reconnaissance ? De considération ? Un geste affectueux ?... On attend toujours quelque chose, ou presque !

Pareillement, votre parole en entreprise attend un acte de la part de l'autre. Pourtant, vous n'avez jamais appris à parler en ayant conscience de cette attente. Malgré son importance, la parole reste le parent pauvre de l'apprentissage dans les techniques de communication, de négociation ou de management. On n'apprend pas à parler dans les grandes écoles. On suppose que c'est une science acquise et que tout le monde maîtrise l'art de s'exprimer. On apprend à tout comprendre, tout analyser, tout maîtriser, on apprend tout, *sauf* comment s'exprimer de manière à avoir de l'impact. Pour faire faire quelque chose à l'autre, il s'agit d'être stratège de sa propre parole, en vue d'en faire une alliée dans ses objectifs et dans sa mission.

DEVENEZ STRATÈGE DE VOTRE PAROLE

Être stratège de sa parole commence comme toute action stratégique : il faut savoir où on veut aller. Cela tombe bien, car la première règle de la communication est, elle aussi, de fixer un objectif, qui permet ensuite de déterminer des axes de communication et des moyens.

La question qui va nous permettre de déterminer clairement où on veut aller est une question qu'on doit se poser dès que l'on s'apprête à ouvrir la bouche : qu'est-ce que j'attends comme changements ou comme actes de la part de mon interlocuteur ?

Plus qu'un objectif, c'est une intention profonde que de vouloir faire bouger l'autre. Ce n'est pas rien ! Cela ne peut pas être un vœu pieu ou une vague idée. C'est une volonté, un fort désir de voir nos paroles se transformer en actes. Cela demande une implication de notre part, condition *sine qua non* à l'implication de l'autre.

On est bien loin de « faire passer un message » ou de transmettre une information. Combien de fois, pourtant, entend-on dans les entreprises qu'il va falloir « faire passer le message » ou qu'on va « informer les salariés » ? Mais dans quel but ? Qu'attend-on d'eux ensuite ? A-t-on pris la peine d'éclaircir cette attente avant de les réunir, de leur tenir des grands discours ou de préparer des présentations PowerPoint ?

INFORMER N'EXISTE PAS DANS L'ENTREPRISE !

Le travail sur l'objectif se révèle pointu et souvent difficile, car on a tendance à confondre ce qui est de l'ordre de l'objectif et ce qui constitue les moyens pour y répondre. Ainsi, il est impossible qu'un objectif, même en interne, soit d'informer des salariés. Si la question est : qu'est-ce que j'attends comme changements ou comme actes quand je communique, cela veut dire que fixer comme objectif à une réunion l'information des collaborateurs est une hérésie. Pourquoi ?

L'information emporte, dans la signification même du mot « informer », un idéal d'objectivité qui n'est pas le fondement de la relation de travail dans l'entreprise. On peut informer ses collaborateurs sur une situation parce qu'on pense que cela leur permettra de mieux comprendre et, par voie de conséquence, d'agir différemment. On dit qu'on veut les « motiver » ou les faire « adhérer ». Or, l'information en elle-même n'a jamais motivé personne, ni fait adhérer à quoi que ce soit. Elle peut être un moyen qui prouve qu'on porte de la considération à ses collaborateurs. Elle peut permettre aux collaborateurs de saisir la problématique, encore faut-il qu'on ait fait un peu plus que les informer. On peut, par exemple, se questionner sur ce qui leur importe afin d'apporter des réponses aux questions qu'ils se posent, ou bien être pédagogique afin de rendre accessible une information qui resterait obscure pour des personnes qui ne sont pas formées au sujet qu'on leur présente. Dans tous les cas, l'information se présente alors comme un moyen et non un but. Il s'agit d'être clair et vigilant afin de ne pas confondre l'objectif visé et les moyens.

Jean-Christophe est directeur financier d'une holding qui gère des sociétés dans l'informatique. Il présente tous les ans, lors d'une « grand-messe », les comptes aux différents patrons des filiales. Tous les mois, il participe à un comité exécutif. Le président de la holding reproche à Jean-Christophe son manque de charisme. Quand il vient me voir, Jean-Christophe est perplexe : « De quoi parle-t-il ? Que me veut-il ? » Jean-Christophe est un homme de cinquante-cinq ans et de belle prestance. Il a le verbe haut et n'éprouve aucune difficulté à s'exprimer, que ce soit devant une ou plusieurs personnes.

Au début de nos échanges, Jean-Christophe m'explique comment ces réunions sont préparées. De son côté, il prépare les chiffres et les tableaux qui vont servir à l'information des collaborateurs. Puis, ils échangent, le président et lui, sur ce qu'il convient de dire ou de taire, en déterminant les points confidentiels, ainsi que les informations « motivantes » ou « démotivantes » pour ceux qui écoutent. Une fois que le niveau d'information est déterminé, la présentation PowerPoint est finalisée. Lors des réunions, Jean-Christophe présente les diapositives ainsi conçues, sans se départir, bien sûr, de sa légendaire bonhomie et avec une incroyable présence. Sauf que… cela manque de charisme !

Les réunions sont des passages obligés dans les entreprises. Elles sont destinées à « informer » des opérationnels afin d'orienter ou de réorienter la stratégie de l'entreprise. Elles sont conçues comme si leur seul impact consistait à donner des informations permettant la réflexion et la décision…

Et si nous nous posions plutôt les bonnes questions :

- Que font les gens à la sortie de ces réunions ?
- Comment ces réunions impactent-elles la façon dont les dirigeants vont mener leurs équipes à faire plus et mieux ?
- Comment celui qui présente les chiffres ou les informations peut-il le faire en se préoccupant de ce que les participants vont faire après ?

Seules ces questions peuvent permettre de préparer ce type de présentation à la fois sur le fond et sur la forme d'une manière impactante et utile. N'a-t-on jamais vu des salariés sortir d'une réunion l'air abattu et découragé, renonçant à tout effort, alors que la direction était persuadée d'avoir annoncé de bonnes nouvelles ? Qu'est-ce qui a bien pu les démotiver ? À ce propos, combien de réunions dans les entreprises ne servent à rien, voire même servent un objectif contraire parce que leurs objectifs ont été mal définis ? Si le but recherché n'est pas d'impacter, à quoi bon organiser une réunion ?

Ce qui vaut pour l'information vaut pour l'implication, qui ne peut être qu'une conséquence et non un objectif en soi. Quel est l'objectif réel pour l'entreprise : plus de productivité ? Plus de qualité pour le service final ou le produit ? Un plus grand rapport qualité/prix de la valeur perçue par le client visant une augmentation des ventes ? Que de rendez-vous manqués ou de *team building* coups d'épée dans l'eau parce qu'on a pensé qu'il suffisait de faire d'abord quelques discours puis de faire participer des gens à un jeu quelconque pour qu'ils soient motivés toute l'année ! Sur le coup, tout le monde est ravi de participer à un moment convivial, mais quel en est le résultat à moyen et long termes ?

LA PAROLE RÉALISÉE EST UNE AFFAIRE DE SYNERGIE

La question de l'objectif réel de la communication dans l'entreprise est importante, tout comme l'est celle de votre objectif personnel. Quand vous vous exprimez, vous avez une mission que je vous ai déjà invité à éclaircir et qui se répartit entre contrat écrit et contrat implicite (voir chapitre 2). Vous ne pouvez pas avoir comme intention profonde de faire bouger vos interlocuteurs si vous n'êtes pas, vous-même, au clair avec votre mission.

Vous aussi avez des buts, des idéaux, des ambitions personnelles. Si ceux-ci ne sont pas en accord avec votre mission, vous risquez d'être mal à l'aise et « mal aligné ». Dans ce cas, comment pourriez-vous avoir comme intention profonde de faire bouger l'autre ? Vos prises de parole n'auront pas l'effet escompté : c'est ce qu'on appelle « parler pour ne rien dire », voire même, susciter involontairement des actes contraires.

C'est le cas d'Eugénie, trente-quatre ans, directrice logistique dans un groupe pharmaceutique. Elle multiplie les réunions depuis que la direction générale lui a fait remonter les plaintes des directions avec lesquelles elle travaille, soulignant le manque de performance de son service. Elle présente à ses équipes les enjeux du service, les fait travailler sur des axes de projet, explique et fait réagir chacun des membres afin qu'ils trouvent eux-mêmes des solutions... Pourtant, une fois en situation de faire, les membres de l'équipe accumulent les erreurs. Quand on creuse avec Eugénie, elle avoue qu'elle n'est pas d'accord avec la nouvelle stratégie de l'entreprise. Selon elle, on en demande trop à son service par rapport aux ressources qui lui sont allouées, et ses relations avec le service marketing sont conflictuelles car elle trouve l'équipe incompétente. Elle rêve de chapeauter un grand service qui réunirait la logistique et le service après-vente. Bref, Eugénie n'a pas trouvé l'alignement entre sa mission, sa place dans l'entreprise et ses propres ambitions. Même si elle a à cœur de bien faire son travail, car c'est quelqu'un d'honnête et de consciencieux, son non-alignement a des répercussions sur ses prises de parole !

Quand le fossé est trop grand entre la mission qui nous a été confiée par l'entreprise et nos propres objectifs, il est alors temps de se poser la question : ce poste me convient-il ? Il vous est difficile de vous mettre en permanence dans l'intention de faire bouger l'autre lors des multiples prises de parole induites par une fonction à responsabilité quand le fossé se creuse entre votre mission et vos objectifs personnels.

Ainsi, l'intention profonde, les objectifs de l'entreprise et vos propres objectifs doivent rentrer en synergie si vous voulez que vos paroles se transforment en actes chez vos collaborateurs. Avant de demander à l'autre de bouger, c'est à vous de faire le premier mouvement, le premier effort, celui de la cohérence.

« Rendre l'autre prédictible », c'est-à-dire parler de manière à ce que l'autre réalise un acte, est votre responsabilité de manager-leader, et ce, quel que que soit le moment de votre parole : en face-à-face, lors de réunions, de colloques, ou bien devant la machine à café. Notre capacité à faire bouger l'autre dépend en tout premier lieu de la réponse à ces questions :

- Quand je parle, suis-je moi-même au clair avec ce que j'attends de l'autre ? Est-ce bien mon intention profonde d'attendre de sa part une action ?
- Quel est l'objectif réel pour l'entreprise ?
- Comment est-ce que je me situe par rapport à ma mission ?

La parole réalisée dépend de la synergie des réponses à ces trois questions. Dès lors que l'une des trois réponses présente une faille, soyez certain que vos interlocuteurs le sentent et que votre impact en prend un coup.

La bonne nouvelle de cette nécessaire synergie, c'est qu'en éclaircissant ces questions, vous trouvez votre vraie place dans le système et que vous vous sentez mieux.

Antoine, quarante et un ans, dirigeant d'une filiale d'un groupe financier, traduit cette sensation de la façon suivante : « Quand j'ai pris mes nouvelles fonctions de directeur général, je n'ai pas bien perçu que je devais plus me poser la question de la manière dont j'allais faire faire, plutôt que d'essayer d'être sur tous les fronts en faisant des choses moi-même. Cette question ne concerne pas uniquement le fait de savoir déléguer, mais aussi la façon dont je pouvais entraîner les autres à donner le meilleur d'eux-mêmes grâce à mon rôle de dirigeant. Le travail que j'ai fait sur ma communication m'a permis de trouver comment je pouvais influencer et mener les équipes lors de mes diverses interventions auprès d'eux. J'ai appris à être bien dans mon rôle à tous ces instants-là, et du coup, j'étais mieux dans ma peau aussi. J'ai eu vraiment l'impression de gagner en efficacité, que ce soit en réunion ou en tête-à-tête, et par voie de conséquence, j'étais moins stressé au quotidien. »

On aurait pu croire que devenir stratège de sa parole est une difficulté supplémentaire. Cela fait une chose en plus de laquelle se préoccuper dans le cadre de son travail. Ce que démontre ce témoignage, et toutes les expériences dans ce domaine, c'est que gagner en impact a plutôt un effet soulageant sur le long terme. Évidemment, il existe une période d'apprentissage, qui, comme toutes les périodes d'apprentissage, est plus ou moins agréable. Saviez-vous qu'un bébé tombe environ un million de fois quand il apprend à marcher ? Quel effort êtes-vous prêt à faire dans la perspective de devenir impactant lorsque vous vous exprimez ?

Pour résumer, le premier effort à fournir pour devenir stratège de sa parole est de se poser continuellement les trois questions de l'intention et des objectifs, et d'y répondre avec un maximum d'honnêteté.

Quelle est mon intention profonde ?	*Quel est l'objectif réel ?*	*Quel est mon objectif personnel ?*
Faire bouger l'autre : que doit-il faire ?	Quantifiable et mesurable (lié à la mission et pour l'entreprise)	Comment je me situe par rapport à ma mission, mes ambitions, mes idéaux ? (voir chapitre 2)

Le deuxième effort consiste à travailler sur les moyens d'atteindre les buts fixés, c'est-à-dire les réponses aux trois questions. Quels sont les outils à ma disposition quand je parle ? Outils et moyens, voilà ce que nous allons examiner dans les pages suivantes. Vous me suivez toujours ?

Chapitre 6

Un manager-leader crée une relation dès qu'il ouvre la bouche

« Quand des paroles sortent, s'envolent en l'air, vivent un instant et meurent, c'est ce qui s'appelle parler. »
Paul Auster, *Cité de verre*

Alors, quand vous ouvrez la bouche, vous accouchez d'une montagne ou bien... d'une souris ?

Votre parole suscite-t-elle un acte de la part de l'autre ? Avez-vous parfois l'impression de parler pour rien ? De ne pas être entendu ? Compris ? Êtes-vous surpris du fossé qui existe entre ce que vous attendiez et ce que l'autre a réalisé ? Cherchez-vous encore le chemin de l'impact ?

Certaines personnes trouvent ce chemin rapidement et par elles-mêmes. Pour le meilleur et pour le pire... Je pense à tous ces grands hommes d'État, ces dictateurs, ces prophètes, ces hommes engagés, qui, de l'Antiquité à nos jours, ont fait bouger des foules. Ils n'avaient pas la puissante caisse de résonance des médias de masse que nous connaissons aujourd'hui. Ils avaient leurs moments de prise de parole, leurs discours, leur prédication, leur force de persuasion, et ce « petit truc en plus » qui fait que des gens les suivaient, les croyaient et agissaient en leur nom. Ce « petit truc en plus » que certains appellent le charisme, terme toujours un peu obscur et qui traduit la capacité à séduire, à fasciner, à influencer et à entraîner des gens derrière soi sans raison objective. Quand on regarde l'histoire, on reste surpris par la force de l'oralité : Jésus-Christ et ses disciples prêts à mourir pour leur foi, Napoléon sur les champs de bataille, Gandhi et son discours de paix, Hitler et son message de haine, pour n'en citer que quelques-uns.

Il est intéressant de regarder de plus près ce qu'avaient en commun tous ces grands orateurs. J'appelle grand orateur celui qui fait bouger l'autre, sans notion de jugement moral. Regardons-les s'exprimer au travers des témoignages de leurs contemporains : ce sont des moments exceptionnels de foi profonde, d'harmonie entre discours et attitude, de justesse de ton, d'adéquation entre le fond, les circonstances et la forme.

Sont-ils conscients qu'ils sont de grands stratèges ? Inconscients ? Peu nous importe, au fond, leur degré de conscience. Il suffit de marcher dans leurs pas et pour cela, nous devons, nous, « simples quidams », rentrer en conscience. Être des observateurs attentifs ne suffit pas : il s'agit de prendre conscience de ce que nous disons, de la manière dont nous le disons, du rapport entre le fond, la forme et la circonstance, et de tout ce qui est en jeu quand nous parlons. Et d'abord, nous devons prendre conscience qu'il existe un espace entre nous, qui parlons, et l'autre, qui se présente à nous, espace offert comme un cadeau. À nous de décider ce que nous voulons en faire.

PRENEZ L'ESPACE QUI VOUS EST DÉVOLU JUSQU'À L'AUTRE

Certains affirment que le charisme est quelque chose d'inné, qui ne s'apprend pas. Je crois, moi, que tout le monde peut trouver à l'intérieur de lui-même cette voie insoupçonnée vers l'influence, l'impact et le leadership par la parole. Cela s'apprend parce que c'est en soi, en chacun de nous, et qu'il suffit de le trouver.

Le chemin de la conscience, de la réflexion et de l'observation permet de comprendre et d'intégrer les clés de cette faculté d'influence. Cela nécessite des remises en question personnelles et une grande capacité d'autoanalyse. D'emblée, deux questions, posées à la fin du chapitre précédent, nous invitent à cette introspection :

- Quelle est mon intention profonde : qu'est-ce que j'attends de l'autre ?
- Quel est mon objectif personnel : comment est-ce que je me situe par rapport à ma mission, mes ambitions, mes idéaux ?

Mais si on veut aller plus loin, on peut aussi se demander :

- Qu'est-ce qui fait que je manque d'impact aujourd'hui ?
- Quel est mon rapport avec celui que je veux impacter ?
- Qu'est-ce que j'attends de lui ?
- Et l'autre, qu'attend-il de moi ?

Cette démarche peut être plus féconde si vous vous faites accompagner. Demander de l'aide n'est pas une marque de faiblesse mais au contraire de compréhension que ce qui est à explorer est immense. On peut s'entraîner, se préparer, apprendre, comme on a appris à manger avec des couverts ou à boire dans un verre.

Pauline, trente-quatre ans, est chef de marché en France d'un groupe spécialisé dans la fabrication et la distribution du papier lié à l'hygiène. Elle nous confirme : « C'est le premier pas qui coûte. Il faut d'abord être bien conscient qu'au boulot, on parle toute la journée et souvent pour ne rien dire – c'est-à-dire qu'en fait, cela ne sert à rien. Des fois, c'est pire, on a l'impression de dire des trucs anodins et cela se termine en rumeurs dévastatrices. Une fois qu'on a compris, on décide qu'il faut travailler sa communication car ça fait partie du job. » Elle poursuit : « Un jour, j'ai fait une présentation au comité de direction, et j'ai tout de suite compris que j'étais différente. J'étais dans l'action, je sentais que mes interlocuteurs m'écoutaient différemment, j'étais moi-même plus à l'aise, et tout se déroulait comme si tout ce travail préalable n'avait jamais existé. Je me suis rendu compte que j'appliquais naturellement ce que j'avais appris à force d'entraînement. Je l'appliquais tout le temps, même quand je parlais à mon assistante entre deux rendez-vous. »

Qu'a appris Pauline ? Elle a appris à avoir de l'impact quand elle parle. Elle s'est d'abord interrogée sur sa mission, son intention profonde, ses objectifs professionnels et personnels, à partir des questions que nous avons identifiées. Puis, elle s'est entraînée, comme s'entraîne un sportif, à partir de ce que nous enseigne AIDA. Entre les deux, elle a compris qu'elle avait entre les mains une clé majeure : la gestion d'un moment et d'un espace que nous pouvons occuper à loisir… ou laisser vacant.

Au moment où nous conférons à l'autre le pouvoir de nous croire et de nous suivre, ou non, il importe de mettre toutes les chances de notre côté pour que ce moment exauce nos souhaits. On peut choisir de prendre la parole et aussi de prendre le pouvoir... pour quelques minutes ou pour plus d'influence sur le long terme. On peut choisir d'occuper l'espace et le temps tout simplement parce qu'on dirige ou qu'on souhaite diriger un projet, ou bien parce qu'on est convaincu d'avoir raison. On a le choix : gérer le moment de notre prise de parole ou le laisser vacant.

> **Prendre la parole, c'est choisir d'entrer et de gérer le moment pleinement, entièrement, et faire de son mieux pour réussir. Sinon, mieux vaut se taire.**
>
> **La présence de l'autre, son regard, son opinion, ses convictions sont des chances à saisir parce que, dans sa présence même, il nous donne le droit, le pouvoir, et même le devoir, de nous exprimer. Il ne nous donne pas le pouvoir de dire, de faire ou de faire faire n'importe quoi. Mais il nous permet, dans l'entreprise, d'exercer notre rôle, de le faire au mieux et de rentrer dans notre mission de manager-leader.**

Comment exercer notre rôle en mettant toutes les chances de notre côté pour que le résultat soit au rendez-vous ?

■ AIDA, LE CHEMIN QU'EMPRUNTE TOUTE PAROLE DU MANAGER-LEADER

« Imaginer ce qui sort de sa bouche comme un produit n'est pas toujours facile à accepter », témoigne Christophe, quarante et un ans, ingénieur dans le nucléaire. Christophe a souhaité travailler son impact car il se fait toujours couper la parole en réunion et il a l'impression que

tout le monde se fiche de ce qu'il raconte. « C'est un saut difficile pour quelqu'un de rationnel comme moi, mais je dois admettre que cela me fait sacrément réfléchir à ma façon de m'exprimer, que ce soit en réunion ou dans mon quotidien professionnel. Je dois l'avouer, je me sers même de ce modèle dans ma vie personnelle maintenant ! »

Le modèle AIDA a été conçu pour gérer une relation entre deux personnes, relation qui doit déboucher pour l'une d'entre elles sur un acte concret. En l'occurrence, je rappelle qu'à l'origine, il s'agissait d'acheter un produit dans un magasin.

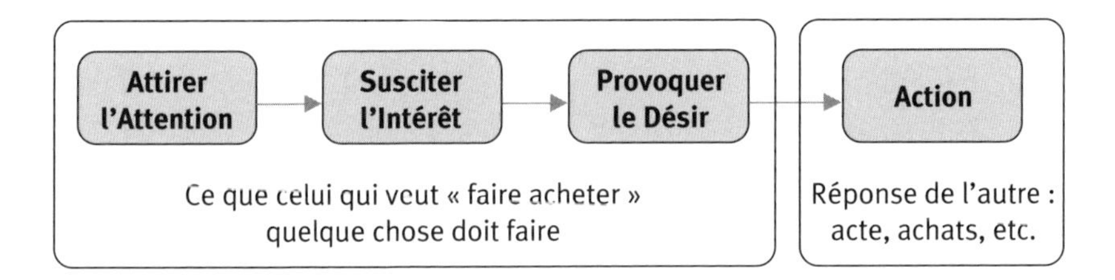

La personne qui a quelque chose à faire acheter a un peu de travail ! Et ce qu'elle doit réaliser se situe résolument vers l'autre. Ce n'est pas « je dois être bien » ou « je dois être souriant », mais « je dois faire quelque chose vers l'autre ». Intéressant, non ? Nous sommes bien dans un processus relationnel qui a pour enjeu constant une interaction avec l'autre et où l'autre a une place prépondérante.

Cela ne veut pas dire que ce que l'on est n'a pas d'importance. Bien au contraire ! La question de l'être se pose avant et non pendant la relation : ce que je suis, je le règle avant. Les questions préalables que nous avons examinées se justifient pleinement :

- Quelle est mon intention profonde ?
- Quel est mon objectif personnel ? comment est-ce que je me situe par rapport à ma mission, mes ambitions, mes idéaux ?

Elles en génèrent aussi d'autres, induites par le modèle AIDA, comme par exemple :

- Qu'est-ce qui fait que « ce que je suis » attire l'attention et suscite l'intérêt ?

– Quelle est la part de mon désir dans celui que je dois éveiller chez l'autre ?

Nous intégrerons ces questions et bien d'autres lorsque nous étudierons comment se servir du modèle AIDA pour impacter lors d'une prise de parole.

Pour résumer, on ne communique pas tout seul dans son coin, et on ne parle pas à soi et pour soi. Une évidence ?

Cyril, quarante-neuf ans, est patron d'un cabinet de conseil dédié aux métiers de la gestion d'actifs, des titres et de l'assurance. Il a deux préoccupations : d'une part, il veut développer l'esprit d'équipe et d'appartenance entre ses collaborateurs qui sont, pour nombre d'entre eux, externalisés dans les bureaux de ses clients. D'autre part, il a pour ambition de développer son business auprès de grands comptes pour accroître son chiffre d'affaires et monter en puissance. Il anime de nombreuses réunions, que ce soit en interne ou auprès de prospects. Il nous dit : « Comprendre et travailler le modèle AIDA relève d'un changement complet de paradigme. On se rend compte qu'habituellement, quand on parle, on pense beaucoup à soi et peu à l'autre. On pense encore moins à la relation qu'on est train de mettre en place. J'ai compris à quel point je m'observe quand je prends la parole, et à quel point je me projette peu vers les personnes qui me font face… »

Oui, c'est vrai, on se regarde beaucoup : on réfléchit à ce que l'on veut dire, à ce que l'on va dire, à éclaircir son point de vue. On se demande même parfois ce que l'autre va penser de nous. Mais à quel moment pense-t-on à l'autre, à qui il est, à ce qu'il veut ?

C'est à cette pensée vers l'autre que pousse le modèle AIDA. Il nous amène à prendre nos interlocuteurs en considération au travers de ces trois questions :

– Comment attirer l'attention de l'autre ?
– Comment susciter l'intérêt de l'autre ?
– Comment provoquer le désir de l'autre ?

L'autre prend alors toute sa place et toute sa dimension, et il nous préoccupe majoritairement. Ce qui n'est que justice, si on y réfléchit : nous allons lui demander beaucoup, nous pouvons lui donner beaucoup !

L'AUTRE : T'ES QUI TOI ?

La psychologie nous l'a montré, la philosophie de Sartre ou de Hegel en font leur miel : l'être humain n'existe que par rapport à l'autre. Aurions-nous tendance à l'oublier ? C'est si facile...

Face à cet autre, nous avons deux tentations : soit nous le considérons comme un objet extérieur, soit nous le considérons comme un double. Dans le premier cas, nous nions qu'il ait une conscience. On le fait sans même s'en rendre compte quand on est de mauvaise foi, et de façon tout à fait consciente, si nous tenons des propos racistes ou insultants. Dans le deuxième cas, nous le considérons au travers de ce que nous sommes, et de ce fait, nous le regardons selon des critères qui nous appartiennent. Soit nous parlons à « une chose », soit nous parlons à un « autre soi-même » – dans un cas comme dans l'autre, nous nous trompons de chemin.

Ce qu'il y a de plus difficile à comprendre chez l'autre, c'est sa différence. Cette différence se crée dès la naissance. Nous grandissons, nous mûrissons, nous devenons adultes en apprenant qui nous sommes par rapport à notre mère, notre père, notre famille, nos camarades à l'école, etc. Nous devenons autonomes en apprenant à gérer et canaliser nos pulsions dans un dialogue permanent avec tous ceux qui nous entourent. Le mot « dialogue » vient du grec *dia*, qui signifie soit « séparation », « distinction », soit « à travers ». Le dialogue est une parole qui passe entre, ou à travers, des personnes distinctes. Il n'y a pas de dialogue possible, ni de relation, si nous ne considérons pas l'autre comme radicalement distinct, différent, unique.

Philippe, jeune patron d'une agence de publicité, a connu une période de difficultés financières au plus fort de la crise économique. Pour maintenir la motivation de ses équipes, il a entrepris de les tenir au courant des tempêtes que l'entreprise traversait. Sauf qu'il a découvert que communiquer uniquement comme lui aurait aimé qu'on lui parle dans cette circonstance n'était pas un gage de réussite. Au contraire même, cette stratégie de communication a eu des conséquences très néfastes : la moitié des collaborateurs a commencé à chercher du travail ailleurs ! « Passer par la conscience de la différence a été pour moi un chemin difficile. Avec les gens de mon équipe, je trouvais qu'on fonctionnait pareil donc j'ai fait comme j'aurais aimé qu'on fasse avec moi. Je n'ai pas réalisé que chaque personne est unique dans ses ressentis et qu'il faut en tenir compte dans sa façon de communiquer. J'ai compris que considérer nos différences signifie plus de respect et plus de considération par rapport à l'autre. Cela permet aussi d'être plus attentif à la réception de mes messages et à leur compréhension. Ma communication y gagne beaucoup. »

Pourquoi le souci de la relation est-il si important pour notre impact ? Parce que, pour attirer l'attention, susciter l'intérêt et provoquer le désir, il va falloir drôlement s'intéresser à l'autre… et tout d'abord, envisager le dialogue et notre parole davantage comme un lien vers l'autre qu'une expression de soi pour soi.

PARLER, C'EST CHERCHER LA RELATION, PUIS L'ACCEPTER

> **Ainsi, parler c'est accepter d'entrer dans la relation avec l'autre, générer consciemment l'interaction avec l'autre et… s'oublier.**

S'oublier, c'est changer de paradigme, comme le souligne Cyril, notre patron de cabinet de conseil dédié aux métiers de la gestion d'actifs. On ne pense qu'à l'autre, d'abord et seulement à l'autre, au lieu de rester autocentré sur ses opinions, ses points de vue ou son image. Quand on parle « ici et maintenant », l'autre a la primauté. Ses propres opinions, points de vue, objectifs, l'image qu'on projette ou qu'on aimerait projeter, on a tout le temps d'y penser avant. On peut devenir stratège de sa parole mais quand on ouvre la bouche, c'est trop tard, l'autre est là et il demande toute notre attention.

ICI ET MAINTENANT, S'OUBLIER, C'EST OUBLIER SON « VILAIN PETIT CANARD »

« Quand je fais une présentation ou que j'interviens dans une réunion, je ressens le regard des autres braqués comme un projecteur », raconte Carine, trente-deux ans, analyste financière dans une société de conseil en investissement.

Et alors ? Qu'y a-t-il donc à cacher sinon l'omniprésence de l'ego, le « canard » qui empoisonne vos discours ou vos interventions en réunion, qui arrive et ne parle que de vous : « Suis-je bien ? », « Ai-je dit ce qu'il fallait ? », « Que pensent-ils de moi ? », « Ai-je tout dit ? », « J'ai peur... », « J'ai raison ! »...

Ce « canard » vous entraîne soit dans le passé (« Qu'ai-je fait ? »), soit dans l'avenir (« Comment vais-je m'en sortir ? »). Ces questions traduisent une peur. Quelle est cette peur qui sclérose, met en retrait, voire en recul ?

« Ce que les gens pensent, je n'ose pas y penser », disait Carine. Cela tombe bien : n'y pensez pas ! Pas quand vous êtes en train de parler. Le « canard » vous empêche d'être dans ce moment de présent, cadeau merveilleux du « ici et maintenant ». Il est sournois et arrive au moment où vous en avez le moins besoin, celui où vous commencez à douter. Nouez donc un petit ruban autour du bec de votre canard et souvenez-vous que la parole est un don.

Si vous ne doutez jamais, si vous pensez avoir raison quoi qu'il arrive, rappelez-vous que l'autre est différent de vous. Deux ego vont se rencontrer. Chacun est arrivé avec ses idées, ses croyances, son histoire. L'autre n'a *a priori* pas envie d'en changer. Dans la grande majorité des cas, il n'est pas arrivé avec l'intention de faire tout ce que vous dites. Si c'est votre subordonné, il peut obtempérer, mais il le fera à sa manière. Ou bien, il fera juste ce que vous dites, ou bien encore, il fera le contraire.

Hervé, directeur marketing d'une grande marque de luxe, le confirme : « J'ai tendance à délivrer mon message et à leur demander de faire leur boulot. Ils disent "oui oui" mais ils le font n'importe comment, et, au final, il faut tout refaire ! »

Le contexte de prise de parole dans l'entreprise peut être favorable car il y a quelque chose de volontaire dans la présence de l'auditeur. Participant à une réunion en public dans un auditorium pour une présentation, le caractère obligatoire de cette présence est subordonné au choix de son métier, au plaisir qu'on y trouve, à sa conscience professionnelle, bref à une somme de facteurs qui fait que l'autre vient avec intérêt, parfois avec envie, et dans la plupart des cas, dans une forme de consentement. Il vient pour entendre ou pour dire, être « pour » ou être « contre », et même passif, il est en attente de quelque chose qui pourrait lui importer, voire lui apporter.

« Les gens attendent quelque chose : je ne suis pas sûre de leur apporter ce qu'ils attendent... », ajoute Hervé.

Les gens attendent quelque chose et vous avez la responsabilité de répondre à cette attente. Que vous soyez du type « grande gueule » ou de style timide.

LE MANAGER-LEADER N'EST PAS UNE « GRANDE GUEULE »

Sylvie est responsable des ressources humaines dans une filiale technique d'une banque. Le service qualité de cette filiale souffre d'un déficit d'image auprès de tous les utilisateurs, à tel point qu'il est impossible de recruter en interne quand un poste est ouvert. Stéphane, le patron de ce service, n'est pas présent à l'entretien que nous avons ensemble, Sylvie et moi. Sylvie en parle comme de quelqu'un qui parle beaucoup à ses collaborateurs et qui a un certain charisme. À la fin de cet entretien, elle réalise que tout le service marche à la baguette mais qu'en fait, tout le monde est découragé. Évidemment, cela se perçoit à l'extérieur du service, et en fait de charisme, il s'agit surtout d'autorité par le verbe. Stéphane est un bon orateur et il a beaucoup d'assurance, mais côté impact, cela reste à revoir...

> **Vous avez bien compris qu'avoir de l'impact n'a rien à voir avec « parler plus fort », « être écouté », « être reconnu comme un bon orateur » ou même « avoir raison ». Avoir de l'impact se juge selon les actes de celui ou de ceux que nous avons cherché à impacter.**

Se poser les questions du modèle AIDA, c'est se poser la question de l'autre et gérer son tempérament en fonction de l'objectif ultime de l'impact : que l'autre fasse quelque chose parce qu'on l'a amené à le faire et parce qu'il a envie de le faire. Non pas parce qu'on parle plus fort ou qu'on inspire la crainte, car à moyen et long termes, les conséquences sont dramatiques : je-m'en-foutisme, dépression ou démission...

LE MANAGER-LEADER N'EST PAS TIMIDE

Christine, trente-quatre ans, prend des responsabilités dans le groupe de conseil en fusion-acquisition pour lequel elle travaille depuis cinq ans. Elle va devoir gérer une équipe de douze personnes et intervenir auprès d'un comité qui prend des décisions d'arbitrage en vue de présentation aux plus importants clients du groupe. Lors de notre premier entretien, elle parle de sa timidité maladive qui fait qu'elle a du mal à parler à un groupe. Elle n'a aucune difficulté en face-à-face, mais dès qu'il y a plus d'une personne en face d'elle, c'est la panique. Elle perd ses moyens et son impact.

Le cas de Christine est assez courant. Pourtant, qu'il y ait une personne ou plusieurs, l'enjeu du passage à l'acte de l'autre est le même : ça doit bouger en face !

Mais souvent, l'installation d'une relation avec une seule personne est plus simple. Nous sommes attentifs à ses *feed-back*, ce qui permet de nous réajuster dans notre comportement relationnel et même dans le discours. À partir de deux interlocuteurs, ces réajustements sont plus aléatoires car les *feed-back* sont plus difficiles à percevoir et à analyser en même temps. Mais surtout, « c'est plus difficile de savoir ce qu'ils pensent », constate Christine.

L'interaction nous permet d'être en lien permanent avec les autres quand, au lieu de nous préoccuper de leurs jugements, nous nous projetons dans la relation. La timidité est, dans la plupart des cas, une peur du jugement des autres sur nous. Quand nous sommes préoccupés des autres, nous n'avons pas la possibilité d'être timides car cette projection nous occupe entièrement. C'est une projection mentale que nous préparons avant de parler :

- Comment aller vers l'autre ?
- Comment me tourner entièrement vers ce lien ?
- Comment vais-je générer cette dynamique ?

La timidité est une forme d'orgueil sublimé qui survient lorsque le jugement de l'autre sur notre personne nous préoccupe. L'ego qui se réveille dans ce moment-là a la faiblesse de croire que notre personne a une importance, qu'elle compte, qu'on vient nous voir, nous.

André, trente ans, directeur crédit consommation particulier, résume cette situation : « Grâce au modèle AIDA, et à cette nécessaire projection vers l'autre, j'ai compris que ce n'est pas André, blond aux yeux bleus, un peu timide dans la vie, qui s'exprime ici, mais André P., directeur crédit consommation particulier. Cela m'a permis de prendre du recul quand je m'exprime devant des gens. Quand je sens qu'un nœud me serre la gorge, je me demande alors ce qu'ils attendent de moi, ce qui les fera bouger. En quelques secondes, je me rappelle pourquoi je suis là, vers quoi je dois les amener, quelle est ma mission. Je me dis que je suis au service de cette mission, que ma compétence dans cette mission n'est pas remise en cause, et que ma petite personne est un simple outil dans le cadre de cette mission. Cela me remet dans la voie. »

André était un grand timide et quand il est devenu directeur, cela n'a pas été facile pour lui. Il s'est beaucoup entraîné à chasser son petit canard et à mettre son ego de côté lorsqu'il prend la parole. Cela n'a pas été simple pour lui d'oublier ses propres regards et les regards scrutateurs qui le dérangeaient parce qu'il ne pensait qu'à ce que l'autre allait dire ou penser. C'est un processus lent qui demande beaucoup d'humilité, mais vous n'avez pas appris à marcher en un jour non plus !

André a réalisé ce qu'il fait quand il prend la parole : il s'agit simplement de bien faire son travail. Il a aussi appris à aller résolument vers l'autre en pensant à l'autre quand il lui parle. Avant toute prise de parole, il se pose la question de l'intention, de ses objectifs, puis il crée les conditions du lien en s'oubliant.

Tandis que l'on parle, on oublie son moi, son ego, on oublie de se regarder, de se juger, de se considérer, pour prendre l'autre en considération. On se projette dans la relation : c'est la première leçon d'AIDA.

AIDA, UNE DYNAMIQUE VERS L'AUTRE

AIDA se présente comme un enchaînement de choses à considérer et à faire envers l'autre afin qu'il passe à l'acte. C'est un modèle dynamique qui nous amène à nous projeter vers l'autre. Cette dynamique est un mouvement à plusieurs détentes :

- comme nous changeons de paradigme, c'est un mouvement mental : notre esprit est tourné vers la relation et vers l'autre ;
- la parole est un acte physique : quand nous parlons, nous émettons des sons, nous faisons des gestes, nous bougeons.

Quand nous parlons, nous avons donc besoin d'une énergie mentale et physiologique. La prise de conscience de l'interaction et de la relation, et la projection relèvent de l'énergie mentale. Qu'en est-il de l'énergie physiologique ?

RETROUVEZ VOTRE NATUREL D'HUMAIN

L'homme est un animal en mouvement. Naturellement, son corps s'adapte, bouge, fait les gestes que le cerveau lui dicte avec cette rapidité qui fait qu'il n'y a pas de délai entre la sensation de soif et la main qui prend le verre.

Et pourtant, Patrick avoue ne pas savoir quoi faire de ses mains quand il fait une présentation debout devant son comité de direction. Caroline ne sait pas comment se tenir quand elle intervient en réunion. Jean-Paul est tout raide dès qu'il monte sur scène pour parler. Le visage d'Élodie se durcit quand elle s'adresse à ses collaborateurs. Il y a ceux qu'on n'entend pas quand ils parlent, ceux qui deviennent monocordes au bout de quelques minutes, ceux qu'on entend au bout du couloir dès qu'ils arrivent à la machine à café, ceux qui font des grands gestes au point que c'en est même un peu exagéré… Il y a aussi ceux qui ont suivi des formations « Prise de parole » et qui ressemblent à des automates car ils font toujours les mêmes gestes aux mêmes moments, et puis ceux qui sont un peu emphatiques.

Notre éducation, notre histoire, notre vécu, notamment à l'école, ont participé à une dissociation entre le corps et la parole, de sorte que, dans des situations d'enjeux, nous nous empêtrons dans ce qui devrait être notre meilleur allié : notre corps !

Retrouver l'usage de son corps, c'est revenir à une forme de « naturalité » de l'homme en mouvement. Le don permet de laisser aussi son corps prendre la parole, se réveiller à la vie pour en donner à l'autre, et tenter d'aller plus loin dans ce corps qui s'alerte pour donner de la vie, lui offrir la possibilité de transmettre à l'autre toute cette énergie. Mais comment retrouver ce naturel si émouvant et si impactant ? Celui que nous avions lorsque nous étions enfants ? Comment se reconnecter à cette énergie qui transmet du sens ?

UNE ÉNERGIE ?… QUELLE ÉNERGIE ?

Prenant sa source dans l'intention et dans la relation, l'énergie est aussi physique, musculaire même. C'est l'énergie du joueur de tennis qui attend la balle, celle du violoncelliste qui guette le signal du chef d'orchestre, celle du chat qui, éveillé brusquement par le bruit de la mouche, est déjà sur ses quatre pattes pour jouer avec elle.

J'emprunte cette analogie à mon professeur de chant, Linette Lemercier, qui m'a tout appris sur ce qu'elle appelle l'énergie physiologique et que je remercie ici : « Quand mon chat monte sur le piano, il conditionne son corps en regardant ce piano et ne saute qu'à l'instant où l'influx énergétique soulève son corps. Le piano attire mon chat, donc mon chat va vers lui… en hauteur, en longueur. Parti en déséquilibre, il atteint la place… du quart de la place d'une patte… il part, il arrive, ne tombe pas, ne casse rien, reste en équilibre parfait, tout son corps reposant sur le quart d'une patte. Mais ce n'est qu'un chat, il ne pense pas, il n'a pas de connaissance musculaire ! C'est un hasard et c'est trop naturel pour qu'un être évolué comme l'homme y puise une compréhension déterminante. »

Pourtant, nous avons besoin de cette sorte de compréhension. Pas de contraction ni de concentration dans cette énergie-là car quand on se concentre, on se centre sur soi, et c'est précisément l'inverse de ce que l'on cherche à faire ici. Il s'agit plutôt d'une mise en alerte totale du corps qui concerne chaque muscle, prêt à participer à cette fête du corps et de l'esprit, cette communion en vue de communication.

Notre corps se met naturellement en mouvement pour parler à nos enfants, à nos voisins, à nos amis. Arrivé au bureau, le corps se sclérose. Ce phénomène s'accentue si, comme Patrick, Caroline, Jean-Paul, Élodie, nous nous retrouvons à parler dans une situation avec des enjeux : présentation d'un budget, comité de direction, réunion importante, tête-à-tête sur des sujets sensibles avec un collaborateur. Comment nous reconnecter avec celui qui peut être notre meilleur allié comme notre pire ennemi ?

NOTRE IMPACT A BESOIN DE NOTRE CORPS

Notre impact a besoin de notre corps, aussi faut-il qu'il soit en forme. Le manager-leader a intérêt à y prêter attention, voire à faire du sport. Tous les sports qui participent à la conscience du corps en alerte sont conseillés : le tennis, tous les jeux collectifs, mais aussi la danse, la gymnastique rythmique, la boxe, le yoga, le golf qui est un excellent coordinateur muscle-stratégie mentale... Ces sports permettent aux muscles d'être prêts quand nous avons besoin d'eux et de faire appel à eux quand on le décide. Quand on les pratique, il est nécessaire de prêter attention à l'endroit du corps où se situe l'effort musculaire et de faire la connexion avec notre intention mentale (ce qu'on cherche à faire) quand on a senti ce muscle bouger. Cette pratique facilitera ensuite la cohérence entre ce que l'on pense, ce que l'on dit et ce que l'on exprime avec le corps.

La pratique de ces sports nous permet, bien évidemment, de maintenir les muscles en état de marche. Comment entraîner des gens vers le dynamisme si, quand on parle, nous sommes tout mous ? Comment pousser nos collaborateurs à plus de réactivité si, quand nous faisons notre petit discours, notre non-verbal est tout flasque ? Et puis, si notre intervention excède plus de dix minutes, comment ferons-nous pour diriger notre énergie vers l'autre si nous ne sommes pas en forme physiquement ?

> **Nous avons besoin de notre corps pour être dans le lien avec nos interlocuteurs et pour les impacter. Pour que le corps réponde présent, et qu'il le soit vraiment, en même temps que notre esprit et nos mots, il est impératif de s'en occuper sérieusement. Ce n'est pas un détail : c'est lui que les gens voient en premier lieu et, ensuite, ils le voient tout le temps, même en imagination !**

Même s'ils n'en ont pas conscience, et vous non plus jusqu'à aujourd'hui, votre corps n'est pas séparé de votre esprit qui s'exprime. C'est lui qu'ils imaginent quand ils lisent vos courriels ou vos dossiers. C'est la raison pour laquelle nous sommes gênés dans la relation quand nous communiquons par courriel avec quelqu'un que nous n'avons jamais vu. N'avez-vous jamais remarqué comme vous êtes content lorsque vous avez l'occasion de rencontrer quelqu'un avec qui vous devez travailler mais que vous n'aviez jamais rencontré auparavant ? « On va pouvoir se voir, et après, ce sera plus facile pour communiquer à distance » est la phrase qui justifie habituellement ce genre de rencontres. « Mettre un visage sur quelqu'un », c'est important, parce que les expressions de votre visage traduisent ce que vous ressentez. L'impact a besoin de votre corps, de tout votre corps, et pas seulement de votre visage.

La mise en alerte de notre corps est facilitée, ensuite, par la respiration. Celle-ci permet au carburant du corps, l'air, *via* le sang, d'aller faire son travail, et *in fine*, d'alimenter le cerveau. Un cerveau bien alimenté, c'est la fin des sons parasites (« euh », « donc », « et ») qu'il n'est donc pas utile de vouloir chasser. Quand on vous dit de ne pas penser à un crocodile, à quoi pensez-vous ? À un crocodile, bien sûr ! Il en est de même avec les mots parasites, si on vous dit de les chasser, vous risquez fort de ne penser qu'à cela. Non seulement cela ne sert pas à grand-chose, mais en plus, cela vous empêche d'être dans la relation. L'alimentation de votre cerveau grâce à la respiration, c'est aussi la fin des sueurs froides, des trous de mémoire et des paniques de vocabulaire.

« Un jour, on a compté vingt-huit "euh" dans l'une de mes présentations qui durait moins de dix minutes, j'étais atterrée. D'une part, ce n'est pas agréable à entendre et d'autre part, cela donne l'impression que je ne maîtrise rien du tout, rapporte Valérie, responsable du service comptabilité dans un groupe immobilier et qui a la charge d'un reporting hebdomadaire. Au début, je n'ai pas cru que de respirer mieux, plus profondément, plus régulièrement, m'aiderait à résoudre ce tic de langage. N'ayant pas d'autre solution, j'ai quand même essayé. Au début, c'était laborieux, car je devais me surveiller énormément. Maintenant, je m'aperçois assez vite que je suis en apnée, je fais une pause, je respire. Plus de "euh", ils sont partis comme par magie. »

Un cerveau bien alimenté, c'est aussi un corps qui peut bouger. Les muscles en alerte vont pouvoir faire leur travail : se mettre au diapason de vos mots, de vos idées, et surtout, de votre intention. On va ainsi « redonner au langage son volume, sa perturbation énergétique, comme pour apprendre à parler à un muet »[1].

> **C'est magique : le corps sait ce qu'il faut faire. Nul besoin de lui apprendre des gestes tout faits qui ne seraient pas les vôtres. Il s'agit juste de trouver votre naturel, celui qui est enfoui, qui ne demande qu'à s'exprimer et à vous aider à mieux vous faire comprendre et à avoir plus d'impact.**

Nul besoin non plus de grands gestes : la racine suffit et l'autre comprend, comme on entend un sourire au téléphone, comme on

1. Linette Lemercier.

comprend un texte même si les mots ne sont pas tous écrits. Oui, on perçoit le geste à sa racine, cette toute petite amplitude musculaire dont on ne se rend parfois même pas compte soi-même tellement elle est imperceptible. Pourtant, la personne qui vous regarde l'a perçu, l'a senti, ou ressenti plus exactement, de la même façon qu'on reçoit des vibrations. C'est inconscient : elle a ressenti que votre corps et vos paroles étaient en harmonie avec cet imperceptible petit mouvement musculaire qui a appuyé vos dires.

L'amplitude du geste n'est qu'un plus, et ce plus dépend de la personnalité de chacun. Beaucoup de grands gestes ne sont pas synonymes d'impact, surtout s'ils sont surjoués ou appris, bref, s'ils ne viennent pas de vous.

La justesse dans le don et dans l'intention qui permet le geste adapté aux mots et à ce que vous êtes est un gage de réussite. C'est cette justesse qui donne l'amplitude, cette consistance, cette étoffe, cette épaisseur que l'on appelle la *présence*.

> **Quand on dit de certains qu'ils ont de la présence, on signifie par là que ces personnes comptent, qu'on les voit et écoute naturellement, sans qu'ils aient besoin de faire un effort. Ils sont là, « ici et maintenant », totalement conscients et totalement justes dans leur rapport à eux-mêmes, condition *sine qua non*, pour être juste dans le rapport à l'autre.**

La présence a un premier impact : elle nous oblige, nous spectateurs, auditeurs, interlocuteurs, à être présents aussi. C'est un premier pas vers notre écoute, notre attention, notre intérêt, notre envie de bouger... tout ce qui mène à notre action ensuite.

Les gens qui ont une forte présence sont en harmonie : ils se sont réapproprié leur corps et ne font qu'un avec lui. Leur intention, leurs objectifs et leur corps se sont mis au diapason. Le corps a compris son rôle, il se met en action pour servir leur impact, il occupe l'espace et tout se joue dans une parfaite naturalité.

NOTRE CORPS A BESOIN DE RESPIRER

Comme nous venons de le signaler, notre corps a besoin d'être alimenté correctement en air, son essence. C'est l'influx donné au cerveau pour qu'il retrouve les mots, les phrases, la mémoire. C'est aussi la mise en action de nos muscles si précieux parce qu'ils vont devoir appuyer nos mots et nos idées pour leur donner force et consistance.

Il s'agit de respirer profondément et consciemment. Cette prise de conscience est, là aussi, essentielle : une colonne d'air part du sol et va jusqu'au plafond, elle traverse tout le corps. On peut s'aider en imaginant deux mouvements contradictoires à l'intérieur de son corps : une pompe ascendante qui nous élève vers le ciel, et un courant descendant qui nous arrime au sol. Mais attention, il ne s'agit ni de s'envoler ni de se cramponner au sol, mais de provoquer deux poussées contradictoires en même temps, qui génèrent une énergie fabuleuse, cette sensation d'être en alerte, tout en muscle, prêt à « bondir en s'étirant ». C'est, comme le dit si bien Linette Lemercier, « retrouver comment le corps respire, grâce aux gestes de tous les jours, qui sont comme des rames dans l'air solide et vivifiant qui nous entoure et qui entre en nous par une simple pression de la plante du pied sur le sol... Et le voilà prêt à avancer », parce que « les pieds sont les clés du corps » (proverbe guatémaltèque).

« Cette histoire de poussées contradictoires m'a donné beaucoup de mal, précise Rémy, président directeur général d'une entreprise dans l'alimentaire "par héritage". Et pourtant, ce travail m'a permis de trouver ma posture, celle qui fait que, dans une assemblée générale, on me regarde autrement que comme le "fils de", celui qu'on faisait sauter sur ses genoux quand il était petit et qui est là par la force de son héritage. J'ai beaucoup bossé pour acquérir des compétences techniques. Mais j'ai dû aussi chercher ce qui me conduirait à être considéré de façon immédiate, sans que j'aie besoin de crédibiliser mes interventions par de longs discours très argumentés. Cette présence, je l'ai trouvée avec mon corps. Je suis allé chercher une énergie nouvelle, énergie qui m'a étoffé en quelque sorte. »

Si votre intervention est longue, arrêtez-vous de temps en temps de parler. Catherine, lors d'un atelier « Gagner en impact », parle du « risque de la seconde de silence ». Le silence n'est pas un risque, c'est une chance ! Vous avez besoin de respirer et ceux qui vous écoutent aussi.

Au début de l'intervention, avant que vous ne preniez la parole, votre silence permet à chacun de s'installer et de se mettre en condition d'écoute. Je rappelle que l'objectif, quand vous prenez la parole, n'est pas de parler mais de vous faire entendre : vous allez donc vous mettre en posture de demander l'écoute et non de la supposer acquise et encore moins de l'imposer.

Les silences permettent aussi à l'orateur d'écouter l'autre dans ses réactions, ses opinions, et sa différence. C'est un espace qui préserve le respect et la liberté des deux parties.

De façon générale, les pauses ont beaucoup de vertus : mesurées et adaptées, elles permettent une élocution fluide qui rend crédible et donne confiance. Apprivoiser le silence permet de prendre le réflexe, en cas de panique subite, de respirer et d'envoyer ainsi du carburant au moteur. Voyez comme les idées reviennent, comme les mots se délient dans votre bouche !

ENTRER DANS LA RELATION PAR VOTRE REGARD

Dans ce qui fait votre présence, votre visage est important. Il exprime ce que vous dites, mais attention, vous n'êtes pas le mime Marceau ! C'est vous qui vous exprimez, vos expressions doivent être les vôtres !

Parmi ce qui traduit ce que vous dites, le regard est un radar à la fois pour vous et pour ceux qui vous écoutent. Il est le prolongement de votre volonté de créer une relation et de votre intention d'impacter l'autre. Il vous permet de vous projeter sans vous regarder vous-même. Votre regard doit donc regarder, profondément, intensément.

Il n'est pas question de balayer l'auditoire comme je le vois parfois écrit dans les manuels : « balayer », en effet, ne permet pas la prise en considération nécessaire de l'interlocuteur afin qu'il se sente concerné. Même dans un auditorium, même devant mille personnes. Cela ne vous est-il jamais arrivé de ressentir que l'orateur sur la scène est en train de vous parler à vous alors que la salle est pleine à craquer ? Vous pouvez, vous aussi, créer ce ressenti chez vos auditeurs ! C'est votre intention, la profondeur de votre regard, son intensité, qui permet à chacun de se sentir vu par vous. Surtout, ne fixez jamais une personne pour vous servir de repère ! Quelle gêne pour la personne choisie et quel message pour tous ceux qui ne sont pas regardés !

Bernard dirige une équipe de cinquante personnes qui a connu un plan social. Son challenge a été de conserver la motivation de celles qui restaient dans l'organisation. Un plan de communication a été mis en place tout le long de la procédure et Bernard en a profité pour travailler sur sa communication interpersonnelle. Il témoigne sur ce sujet : « Regarder avec une vraie profondeur les interlocuteurs crée une réelle densité dans la relation. L'autre se sent considéré, et en même temps, je sens mieux l'attention de l'autre. J'ai le sentiment de rentrer en communication avec lui, et qu'on est en train de mettre quelque chose en commun même si on ne partage pas le même point de vue. »

Bernard a vu juste : communiquer vient du latin *communicare*, « mettre en commun ». Votre regard permet la mise en commun d'un moment relationnel. L'échange de regards est un moment précieux d'intimité. Il relie deux personnes. Ce fil ténu joue de l'affect nécessaire à ce qui va se dérouler dans l'interaction. De plus, il vous permet aussi de percevoir ce qui se passe autour de vous et d'en tirer des enseignements précieux quant à votre impact, sachant que l'indifférence est un message fort de non-impact justement ! Accord, soutien, mais aussi désaccord ou expression de colère sont des signes que les individus sont touchés et qu'un chemin en eux est en cours. À vous d'influencer ce chemin dans un sens ou dans un autre en prenant conscience de la répercussion de votre argumentation, de vos mots et de votre attitude lorsque vous prononcez ces mots, et de réajuster si nécessaire.

Que vous ayez un seul interlocuteur ou cinq cents, votre regard est précieux car il crée le lien. Il doit refléter votre intention avec profondeur et densité, révéler votre présence « ici et maintenant », votre générosité, la conscience que l'autre n'est ni un objet, ni votre double, mais un être humain à considérer dans toute sa dimension. Vous pouvez dire tout cela avec vos yeux et chacun sentira que c'est à lui spécialement que s'adresse ce message d'ouverture, de don et de relation.

ENTRER DANS LA RELATION AVEC VOTRE VOIX

« Les mots ne sont que les mots, à peu près rien sans leur dessein que l'on confie au ton et qui transcende leur sens à jamais prisonnier des dictionnaires. »
Daniel Pennac, *Le dictateur et le hamac*

L'intonation joue un rôle majeur dans la compréhension d'un message et son impact. Ainsi, Claude Hagège, professeur et linguiste, soutient que « la communication orale, seule naturelle, est seule chargée de tout le sens d'origine. Elle est multiplanaire. Un phénomène capital, dont aucun système d'écriture ne conserve la trace, le fait bien apparaître. Ce phénomène est l'intonation... qui stratifie souvent le discours oral en une structure hiérarchique où le message principal n'est pas prononcé sur le même registre que les incises, éventuellement imbriquées les unes dans les autres. Une reproduction graphique qui, bien qu'exacte pour le reste, ne note pas l'intonation, peut paraître quasiment inintelligible »[1].

> **La tonalité est issue d'un jeu subtil entre le corps et l'intention. Elle ne peut pas être pensée, dans le sens « réfléchie », car elle est une résultante de vie, d'énergie. La voix, comme la tonalité, sa portée et sa force procèdent de la même résultante : rien ne sert de parler fort, il suffit d'avoir envie de se faire entendre, et la voix, telle un pigeon voyageur, va là où elle doit aller.**

1. Claude Hagège, *L'Homme de paroles, Contribution linguistique aux sciences humaines*, Fayard, Paris, 1985, p. 109.

« Avoir envie de se faire entendre est un axe mental qui a changé ma façon de parler, souligne Amélie, coach et animatrice de séminaires d'équipe. Je n'avais jamais pensé à cela de cette façon et je cherchais toujours à parler fort pour être sûre qu'on m'entende jusqu'au fond de la salle. Du coup, je parlais sur un ton un peu aigu et j'étais gênée par cette sensation. Maintenant, je ne parle plus fort pour parler fort, je cherche à me faire entendre, et les participants m'entendent sans que j'aie cette sensation de forcer ou de crier. »

La technique, plus tard, bien plus tard, permet de maîtriser son intonation sans sonner faux. La technique est un moyen de peaufiner, pas de faire. Ne lui donnons pas un rôle majeur. Le rôle, c'est vous, vous entièrement, vous tourné vers vos objectifs, vous dans votre nature d'humain, votre être, et surtout vous, dans votre conscience retrouvée et dans le lien que vous créez avec l'autre.

DEVENEZ UNE PAROLE EN MOUVEMENT

Réconcilier son mental et son corps afin que la parole prenne vie peut être une vraie difficulté. Je le rappelle : ce n'est pas ce que nous a appris notre éducation, notre culture, notre environnement. Aussi, cela peut nécessiter un long entraînement, comme quand on apprend à conduire une voiture. Souvenez-vous de vos premières leçons de conduite ! Au début, chaque mouvement demande un temps de réflexion avant de devenir un réflexe. De même, retrouver son tonus musculaire, maîtriser sa respiration, et chercher la racine du geste afin de retrouver sa naturalité demandent souvent une période d'apprentissage.

Le training devant une caméra peut être alors une vraie aide, car il permet la conscience de son corps en mouvement. On s'entraîne pour un discours, une présentation. Et puis un jour, on se rend compte qu'on est devenu une parole en mouvement tout le temps.

« Il m'a fallu du temps car je suis un "mental" et j'avais du mal à croire que mon corps avait un rôle à jouer dans mon impact, nous confie Jean, directeur général d'une société de télémarketing. J'ai beaucoup travaillé à la caméra, mais aussi sur le rapport à mon corps. Je devais accepter

que c'était un outil précieux. C'est la première chose que l'autre voit, qu'il ressent, qu'il analyse, consciemment ou pas. Je devais en faire un allié. Il ne m'aidait pas, pire : il était parfois mon ennemi car il se bloquait et envoyait sans que je m'en rende compte des messages contraires à ce que je disais. Il était fermé, un peu mort. Je devais le ramener à la vie. AIDA a été un précieux instrument de travail. »

> **Une parole en mouvement est une parole qui va vers l'autre, l'entraîne et l'impacte. Le manager-leader se sert de cette parole au quotidien : qu'il soit à la machine à café avec des collègues, en réunion avec ses collaborateurs, ou devant son boss.**

Comment AIDA peut aider le manager-leader à être présent, à faire vivre son intention, à servir ses objectifs, à réconcilier son mental et son corps, enfin à devenir cette parole en mouvement, celle qui impacte l'autre au point qu'il fasse quelque chose parce qu'il en a envie ?

Voyons cela de plus près.

Chapitre 7

Parler et impacter avec AIDA

« Ceux qui ont le don de la parole et qui sont orateurs ont en main un grand instrument de charlatanisme : heureux s'ils n'en abusent pas. »
Charles-Augustin Sainte-Beuve, *Causeries du lundi*

Comme nous venons de le voir, AIDA est une dynamique vers l'autre et se présente comme un enchaînement de choses à considérer et à faire pour que l'autre passe à l'acte.

A pour Attention, I pour Intérêt, D pour Désir et A pour Acte de l'autre : nous allons examiner l'enchaînement de ce que nous devons faire lorsque nous nous exprimons pour que l'autre bouge.

A POUR ATTIRER L'ATTENTION : « J'EXISTE ET TU EXISTES... »

Attirer l'attention ne consiste pas à faire l'intéressant, à faire des gestes particuliers ou à gesticuler comme un enfant qui veut qu'on le regarde. Si vous êtes dans la justesse de votre intention et dans le don, vous avez déjà cette présence qui vous permet d'exister aux yeux de l'autre et d'attirer son attention. Quand vous êtes « ici et maintenant », l'interlocuteur se prépare à vous écouter.

Attirer l'attention, c'est se poser la question de ce qui rend l'autre attentif. Les Américains y vont de leur petite histoire dès qu'ils commencent un discours, et souvent « ça fait la blague », mais attention, il n'est pas donné à tout le monde de réussir ce type d'exercice, qui peut vite devenir ridicule ou hors de propos si on n'est pas un conteur hors pair. Certains attirent l'attention par leur extravagance ou leurs accolades à tout bout de champ. Ont-ils de l'impact pour autant ? Non, si cette attitude n'est pas en cohérence avec ce qu'ils expriment et si tout cela n'est pas en lien avec l'objectif et la relation en train de s'établir.

« C'est une expérience intéressante, dit Florian, directeur logistique d'un laboratoire pharmaceutique, même si au départ, ce n'est pas facile à comprendre. En réunion, avant de parler, je me demande si je suis bien présent dans la relation à l'autre. Je me pose aussi la question de mon objectif réel. Ensuite, je regarde chacun avec attention au moment où je veux prendre la parole. Je me sens en situation d'éveil total et j'ouvre mon corps. Quand je commence à parler, souvent, le silence se fait naturellement, et je peux commencer à exposer mon point de vue. »

Naturellement, nous attirons l'attention par notre comportement, nos attitudes et notre apparence. Nos interlocuteurs se forgent un avis dans les cinq secondes où ils nous perçoivent. Même quand ils nous connaissent, ils ont des impressions, des sensations, et l'impact que nous allons avoir sur eux dépend aussi de ce qu'ils ressentent au moment où nous parlons. Nous développons chez eux des réactions conscientes et inconscientes dont une grande part dépend de ce que nous dégageons avant même d'avoir ouvert la bouche.

Pour gagner en impact, il est important de prendre conscience de l'aura que nous dégageons par notre seule présence. Cette prise de conscience permet de travailler sur la cohérence nécessaire entre le verbal et le non-verbal. Cette cohérence sert notre intention (faire bouger l'autre) et notre objectif (que doit-il faire ?).

COMMENT SERVIR MON OBJECTIF ET MON INTENTION DANS MON COMPORTEMENT, MES ATTITUDES ET MON APPARENCE ?

« Dans mon cadre professionnel, je donne l'image de quelqu'un de strict, nous confie Yves, directeur financier dans une société de déménagement, alors qu'en fait, je ne suis pas du tout comme cela. Les gens qui me connaissent me définissent comme plutôt cool et sympa. Au boulot en revanche, on me trouve un peu sec et, du coup, cela rend

parfois la communication difficile. Je ne sais pas pourquoi. Peut-être parce que je suis rigoureux dans mon travail et que cela s'entend et se voit sans que je ne m'en rende compte. »

Beaucoup de personnes ressentent ce phénomène : l'impression que ce que l'on montre de soi ne correspond pas à la palette de ce que l'on est, que l'autre se fait une idée fausse de nous. On attire l'attention de la mauvaise manière, parce que l'autre s'est fait une opinion dans les premières secondes en se basant sur des informations liées à notre apparence et à notre attitude. Cette première impression peut être difficile à changer. Pareillement, suite à une intervention orale, une présentation en public ou lors d'une réunion, l'autre se forge une opinion de vous qui va avoir des répercussions majeures sur son comportement à lui et ce, quelle que soit la pertinence de vos arguments. D'où l'importance d'être conscient de ce que l'on émet et même, d'en devenir maître.

À cette fin, nous allons définir au préalable les qualités que nous possédons et que nous souhaitons que nos interlocuteurs perçoivent lors de nos interventions.

Brigitte est présidente bénévole d'une association liée aux droits de la femme dans le monde. Elle doit faire une conférence lors d'une manifestation organisée par son employeur, qui va découvrir à cette occasion une autre facette de Brigitte. Lors de la préparation de son intervention, nous déterminons qu'elle veut être perçue comme une personne fiable et crédible. Qu'est-ce qui fait qu'on ressent ces deux qualités chez quelqu'un avant même d'en avoir une preuve argumentée ? Nous passons en revue tout ce qui construit cette opinion : la tenue vestimentaire qui doit correspondre au milieu où elle va se trouver tout en étant proche de sa personnalité, la façon de se tenir quand elle va rentrer sur la scène qui doit inspirer la solidité tout en évitant l'arrogance, le regard qui doit être franc et droit. Fiabilité et crédibilité sont les deux qualités que nous avons choisies et nous chercherons à les mettre en exergue tout au long de notre préparation sur tous les aspects de son intervention, tant au niveau du fond que de la forme.

L'être humain n'est pas monolithique : il possède de très nombreuses qualités qui peuvent servir à appuyer un discours. Vous devez choisir *la* qualité que vous avez besoin de montrer, susceptible d'être au service de votre objectif. À certains moments, vous pouvez avoir besoin de montrer votre sens de la créativité et, à d'autres moments, votre côté structuré et pragmatique. En vous cohabitent ces deux aspects mais l'image qu'ils renvoient est très différente.

Dans le cadre de la détermination de sa stratégie d'image, il importe d'être précis et de ne pas s'enfermer dans l'image que l'on a de soi-même. Je préconise de vous fixer au préalable trois adjectifs que vous voulez vous voir associés. Ces trois adjectifs nous aideront par la suite à adopter l'attitude et le discours qui les servent le mieux, et à travailler sur les points faibles. On imagine mal, par exemple, quelqu'un qui fait des phrases sans fin et qui parle vite donner une image de crédibilité. Et pourtant, ce comportement à l'oral n'est pas rare... Les gens qui parlent vite et de manière compliquée sont aussi, dans la plupart des cas, des gens auxquels on peut faire confiance mais ce qu'ils émettent ne sert pas cette qualité. Le fait de repérer ce besoin de crédibilité nous pousse à nous demander : comment est-ce que je vais faire pour que mon corps traduise cette qualité ? Cela va nous obliger à nous entraîner. Dans ce cas, le travail corporel a une incidence directe sur sa façon de s'exprimer qui devient instantanément plus sobre.

Ces trois adjectifs peuvent être les trois qualités que vous jugez essentielles dans votre fonction. Il peut aussi s'agir des trois qualités qui vous paraissent fondamentales d'avoir dans le cadre de votre présentation. Les circonstances sont à prendre en compte aussi, bien sûr. Dans le cadre d'une présentation de budget en période de crise, il est souvent préférable de présenter une image de sérieux et de fiabilité ; alors qu'en période de croissance et de réussite, montrer son plaisir est une marque de reconnaissance du travail effectué par chacun pour y arriver. Surtout, choisissez vos adjectifs en fonction de vos qualités réelles. N'essayez pas de tricher : cela provoquera une dissonance perceptible à un moment ou à un autre, et dans tous les cas, ce sera dommageable pour la suite de la relation.

Pour vous faciliter la réflexion, je vous propose l'exercice suivant. Tracez trois colonnes : dans la première, indiquez la ou les interlocuteurs ciblés, ce qui les caractérise ou ce qui les touche ; dans la deuxième, les actes attendus de l'autre ou des autres ; remplissez ensuite la troisième colonne des qualités qui impacteront la cible.

Le travail de choix des adjectifs doit être précis et circonstancié. Vous pouvez décider et prendre en main votre stratégie pour un instant T, un rendez-vous, une réunion, une période, ou bien pour toutes vos interventions. Ce qui est important, c'est de décider et ne pas se laisser porter par des réflexes ou des habitudes acquises tant bien que mal au hasard de la vie et des expériences. Vos habitudes ou vos réflexes ne correspondent peut-être pas à ce que vous êtes au fond de vous parce que les circonstances vous ont poussé à adopter tel ou tel comportement. Décidez clairement ce que vous voulez montrer de vous. Au besoin, dites-le-vous, répétez-le, faites-en une intention mentale forte. Si cela vous semble difficile à accomplir tout seul, vous pouvez vous faire aider par des personnes en qui vous avez confiance ou par un coach.

Jacques a cinquante-six ans, il est ingénieur, il a fait Polytechnique et les Ponts et Chaussées. Il est en recherche d'emploi après un licenciement. Il témoigne : « J'ai découvert le modèle AIDA lors d'un atelier alors que j'avais déjà suivi de multiples sessions de formation à la prise de parole. Ce fut pour moi comme un déclic stratégique. J'ai travaillé sur les fameuses qualités et sur les différentes composantes de la méthode. Il se trouve qu'à cette période-là, j'avais de nombreux entretiens à mener avec des personnes de mon réseau professionnel, que je retardais. Dès la fin de la formation, j'ai appelé tout le monde pour fixer des rendez-vous. Non seulement je les ai tous obtenus, mais surtout, ils ont tous été fructueux. Je n'ai jamais connu un retour de formation aussi rapide ! »

Une des phases du « déclic stratégique » consiste à prendre conscience de la possibilité de choisir, parmi les facettes de votre personnalité, celles dont vous avez besoin et que vous allez montrer. Nous naviguons en permanence entre une posture sociale, ce que l'on ressent et ce qu'on ambitionne. C'est cela qui crée du flottement, de l'incohérence et génère finalement une perte d'impact. La conscience permet une maîtrise dans notre

communication afin de ne pas se laisser porter par ces courants et de rester en permanence en contact avec notre objectif, notre être et l'autre.

PRÉPAREZ EN STRATÈGE, PARLEZ EN PRIMITIF

Tandis que vous faites de la qualité que vous avez choisie une intention mentale, essayez de repérer dans votre corps ce qui traduit cette intention. C'est difficile, car nous n'avons pas l'habitude de lire nos pensées dans notre propre corps. Et pourtant, retrouver l'harmonie entre notre mental et notre corps, et en être conscient, nous permet d'accéder à cette possibilité riche d'enseignements et de maîtrise : apprendre à décoder ce qui se passe dans notre corps lorsque nous avons une intention mentale forte.

Cet apprentissage permet de retrouver l'harmonie entre corps et esprit dès que nous en avons besoin, et notamment lorsque nous voulons impacter l'autre. Rappelons-nous que l'autre ne perçoit la racine de vos gestes, donc votre intention mentale, que lorsque votre corps et votre esprit sont en cohérence ! Lorsque nous souhaitons que notre interlocuteur perçoive une qualité particulière et que nous avons appris à mettre en cohérence notre esprit et notre corps, cette qualité devient évidente pour l'autre. Et si notre discours est lui aussi en cohérence, un grand pas est fait vers l'impact.

« Au départ, j'ai appris à retrouver mon corps lorsque je devais mener des interventions spéciales comme, par exemple, la réunion semestrielle des quatre cents cadres de l'organisation, raconte Didier, directeur des ressources humaines dans un groupe d'assurance. J'ai commencé à l'arrivée d'un nouveau patron que je savais très exigeant. J'avais envie de lui montrer très vite que, moi aussi, j'étais quelqu'un de rigoureux et d'exigeant. Je ne voulais pas perdre mon autonomie. Or, la rumeur courait qu'il pouvait rapidement devenir interventionniste... J'ai plutôt l'air cool au premier abord, alors j'ai travaillé à faire ressortir mes aspects rigoureux et exigeant dans toutes les phases de mon intervention. Du coup, avec mon patron, cela s'est très bien passé et il m'a respecté. Cette première expérience m'a engagé à en faire d'autres du même type. Depuis, même quand je dois intervenir à la volée pendant une

réunion, je réfléchis en un quart de seconde à ce qui, dans mon attitude, ma posture, peut m'aider à porter mon propos. Cela m'aide aussi à construire mon argumentaire ! »

C'est la mise en cohérence de son intention et de son attitude corporelle qui a permis à Didier de faire de sa posture une seconde nature. Mais cette nature est en fait une nature complète, les retrouvailles avec sa première nature, sa vraie nature, celle qui crée la présence et l'attention de ceux qui nous entourent.

Attirer l'attention peut parfois être plus difficile. Par exemple, il est difficile d'attirer l'attention de celui qui sait qu'il va parler tout de suite après vous et que c'est un enjeu pour lui. C'est utile de le savoir lorsque votre intervention a aussi pour objectif d'impacter ce collaborateur ou ce supérieur. Préoccupé par lui-même, il ne s'installe pas : il ne se met pas d'emblée en situation d'écoute, sauf s'il est directement concerné par le sujet. Il faudra peut-être créer une nouvelle occasion d'échanges dans un autre contexte, ou bien attirer son attention avec une astuce : rapporter une anecdote qui le concerne, ou reprendre un de ses propos. Dans tous les cas, vous devez faire un premier pas vers lui en vous mettant dans sa logique.

Vous attirez également l'attention lorsque vous ponctuez vos interventions de questions. La forme interrogative permet d'amener l'autre à réfléchir avec vous et réveille sa curiosité. Qu'il vous réponde ou non, vous pouvez vous servir du questionnement pour faire des transitions ou amener de nouvelles idées.

> **En résumé, attirer l'attention, c'est choisir la posture en adéquation avec ses objectifs. C'est un travail à la fois mental et physique, et cela se prépare. À force de préparation, on habitue son mental et son corps à être en harmonie, ce qui crée la présence. Cette harmonie vous rend profond et entier. Celui qui est devant vous la perçoit parfaitement et va faire attention à vous et à vos propos.**

Cela ressemble à la « force tranquille », concept publicitaire utilisé par Jacques Séguéla dans le cadre de la campagne de François Mitterrand.

Nous retiendrons de la force tranquille le chemin d'une présence immédiate, solide et constante : le chemin de l'impact.

■ I POUR SUSCITER L'INTÉRÊT : « PARLE-MOI DE MOI TOUT EN CONSTRUISANT TON PROPOS »

La publicité s'intéresse à la cible de ses messages afin de les adapter aux personnes concernées. Les publicitaires se posent ainsi des questions sur les centres d'intérêts, les goûts, les opinions, les niveaux socioculturels, etc. Tous ces renseignements serviront à déterminer les univers visuels, les mots et les histoires qui seront mis en scène sur les supports de communication. Il ne viendrait pas à l'idée d'un publicitaire de réfléchir à une stratégie de communication et aux moyens à mettre en œuvre, ou à concevoir une « créa », sans avoir préalablement cherché à comprendre les récepteurs !

Intéresser celui à qui l'on parle est le b.a.-ba de la communication. Et pourtant, quand nous communiquons dans une entreprise, combien de fois parlons-nous de ce qui nous intéresse sans nous préoccuper de ce qui pourrait intéresser nos interlocuteurs ?

« Pour déterminer ce qui peut intéresser mes collaborateurs dans ce que je dois leur dire, je me pose la question de ce que vont impliquer mes demandes : est-ce intéressant pour eux personnellement ou professionnellement ? Cela a-t-il un sens et lequel ? Comment moi, en tant que manager, puis-je les aider à trouver du sens à ce qu'ils font ? Ce questionnement m'évite de débiter un long argumentaire qui, à la fin, ne satisfait que mon sens de l'analyse… », témoigne Delphine, trente-huit ans, directrice qualité chez un fabricant de maroquinerie.

Pour être impactées, les personnes auxquelles nous nous adressons doivent être concernées. On peut le résumer avec la chanson de Jeanne Moreau : « Parlez-moi d'moi, y'a qu'ça qui m'intéresse... » C'est un très bon moyen mnémotechnique pour ne jamais oublier de vous intéresser à ce qui intéresse vos interlocuteurs ! Cherchez ce qui intéresse l'autre dans vos messages, ce qui va changer quelque chose pour lui, ce qui constitue des sujets d'intérêts pour lui, prouvez que vous le prenez en considération dans sa différence, son unicité, ses attentes. Comment savez-vous tout cela ? Il est extrêmement rare de parler devant de parfaits inconnus : dans l'entreprise, on sait ce que font les gens, on a la possibilité de se renseigner, de les rencontrer. Et pour le reste, réagissez à ce qu'ils vous renvoient.

Il ne s'agit pas de se mettre à la place de l'autre pour imaginer ce qui l'intéresse. Il est préférable de l'avoir suffisamment écouté quand on l'a côtoyé. Il existe de multiples occasions d'écouter mais, de manière générale, ce n'est pas notre point fort. Les nombreux stages ou manuels qui abordent cette problématique de l'écoute mettent en évidence nos faibles capacités d'écoute. Pourquoi écouter est si difficile ? Parce que nous écoutons avec des filtres comme notre vécu, notre éducation, nos émotions, nos croyances. Ces filtres agissent comme des calques qui brouillent notre réception.

Pourtant, si nous prenons l'habitude d'écouter et d'observer avec attention les personnes qui nous entourent, y compris pendant les réunions, nous serons beaucoup plus impactants quand ce sera notre tour de parler ! Nous pourrons bâtir des argumentaires adaptés plutôt que des discours fleuves où nous nous acharnons à présenter nos idées, nos solutions et nos projets à partir de nos seuls points de vue et compétences. Nous ne nous laisserons pas embarquer par ce qui nous intéresse, nous, et par ce qui nous semble important, mais nous serons attentifs aux centres d'intérêts de nos interlocuteurs.

Cela est d'autant plus important qu'amener un ou plusieurs collaborateurs à l'action, c'est souvent les amener à reconsidérer leurs points de vue. Et, on le sait bien (c'est aussi votre cas, non ?), ce n'est pas si facile de changer de point de vue. C'est admettre qu'on s'est trompé et notre ego n'aime pas souvent le reconnaître. C'est aussi, parfois, se démunir de croyances ou d'habitudes et cela génère des moments de peur, peur de l'inconnu, peur du changement, peur de ne plus savoir faire. Comme dit le dicton « on sait ce qu'on perd, on ne sait pas ce qu'on gagne », et les habitudes sont des cocons rassurants parce que connus. Donc, pour changer de points de vue, vos collaborateurs ont besoin d'aide.

COMMENT AIDER L'AUTRE À RECONSIDÉRER SON POINT DE VUE ?

Notre aide peut se situer à plusieurs niveaux.

Tout d'abord, l'être humain se considérant comme un être doué de raison et rationnel dans ses décisions, nous avons à lui proposer de bonnes raisons d'adhérer à notre point de vue. Pour cela, nous pouvons partir des faits.

Le chiffre d'affaires de la société où Frédéric est directeur général a diminué de 20 %. Il s'agit d'une branche d'activité d'un groupe informatique. Après analyse des charges, il a été constaté que de nombreuses dépenses de fonctionnement sont élevées, notamment, la consommation d'électricité, les fournitures de bureau et consommables en tout genre. Les frais de téléphone portable ont aussi considérablement augmenté ces derniers temps. Depuis quinze ans que la société existe, jamais personne ne s'était posé de question quant aux dépenses de ce type. Il y a aussi la phrase lancinante « c'est la société qui paie » qui induit qu'elle a les moyens et que personne n'est vraiment concerné.

Pourtant, avec peu d'efforts, il est possible de diminuer ces coûts d'au moins 20 %, ce qui permettrait de limiter l'impact de la baisse du chiffre d'affaires sur les résultats. Il suffit d'éteindre systématiquement la lumière en partant le soir, de n'imprimer que quand c'est nécessaire, de limiter les photocopies à ce qui est utile au lieu de laisser des piles s'amonceler en salle de réunion, de modérer ses consommations de fournitures en gaspillant moins les chemises, les stylos, et tout ce qu'on commande en quantité déraisonnable, de réfléchir à l'utilité des appels téléphoniques et de leur urgence, de mieux préparer ses conversations au téléphone, toute une série de mesures très bien identifiées.

Frédéric décide de réunir les soixante collaborateurs afin de les pousser à plus de modération. Il définit son objectif : amener ses collaborateurs à changer de comportement dans leur quotidien sur des gestes simples. Quand Frédéric prépare son intervention, il pense à tout ce qui se dit dans l'entreprise et dont il a eu écho :

- *Un plan de licenciement a été effectué dans une autre filiale du groupe dont ils font partie. Comme cela est peu courant dans cette compagnie, cela a réveillé l'inquiétude chez tous les collaborateurs. Maintenant, les gens savent que c'est possible et que personne n'est à l'abri : « Si les affaires vont mal, est-ce possible que, nous aussi, nous soyons touchés par un plan de licenciement ? »*

– *Mais en même temps se poursuit un autre raisonnement : « Depuis quinze ans, cette filiale est en perte de vitesse, la maison mère a, jusqu'à présent, épongé les pertes successives des diverses filiales. Pourquoi cela changerait-il ? »*
– *Personne ne pense à ce qu'il consomme car « ce n'est pas quelques crayons et quelques photocopies qui vont changer quelque chose. Et pour bien faire notre boulot, on a besoin de moyens ! »*

Comment Frédéric va-t-il réussir à faire changer de comportement ses collaborateurs ? Frédéric prépare un moment d'échanges avec tous les collaborateurs en deux temps. Dans un premier temps, il va présenter à tous le chiffre d'affaires de manière factuelle et transparente, ainsi que les projections des six prochains mois. Il demande ensuite à son directeur financier de préparer une présentation pédagogique des éléments du compte d'exploitation mettant en évidence les deux vecteurs d'action : le chiffre d'affaires et les charges. Frédéric prend ensuite la parole pour faire un parallèle entre un compte d'exploitation d'une entreprise et celui d'une famille. Le groupe est une maman qui peut ou non, suivant ses moyens et ses choix, aider ses enfants à assurer leur vie d'adulte. Il prend des exemples dans leur vie quotidienne pour expliquer les divers leviers d'actions.

Ensuite, sous forme d'ateliers, les collaborateurs sont invités à réfléchir aux solutions possibles pour ne pas se retrouver en difficulté à la fin de l'année. Les ateliers, où tous les services sont mélangés, sont animés par des managers et ont été thématisés en grandes questions liées aux charges : sachant qu'il va être difficile d'avoir une action positive sur le chiffre d'affaires, comment peut-on avoir une action sur les charges qui soit positive, c'est-à-dire qui ait un résultat significatif en termes de montant et qui ne prévoie pas de licenciement ?

Le discours de Frédéric a beaucoup impacté l'auditoire et ils sont très motivés pendant les ateliers à regarder comment réduire les charges : ils ont bien compris l'intérêt de la réflexion qui les concerne en premier chef, car personne n'a envie d'être licencié et ils ont compris que la maison mère n'épongerait plus les dettes des filiales. Chaque atelier a nommé un rapporteur destiné à présenter à l'ensemble de l'équipe les idées issues du travail en commun. Lors de cette présentation, un des rapporteurs transmet l'idée de constituer un groupe de travail à l'année sur la question des économies de frais de fonctionnement à réaliser qui concernent tout le monde. Ce groupe de travail aura pour objet de rédiger une « charte du bien travailler ensemble à des coûts raisonnables » et de la mise en action des bonnes pratiques décidées. Frédéric accepte cette proposition.

Chaque atelier ayant proposé des idées très concrètes, une liste d'actions à mener est d'ores et déjà prête à être diffusée. Frédéric propose d'envoyer cette liste à chacun afin de se mettre au travail dès le lendemain. La chasse au gaspillage vient de s'ouvrir dans cette organisation. Elle va atteindre très rapidement les 20 % d'économie escomptés, et même les dépasser.

Les résistances à changer de comportement ou à bouger vers l'action peuvent tenir leurs racines dans une croyance ou une opinion que les personnes se sont construites. Une fois que les faits ont été exposés, Frédéric a proposé de bonnes raisons d'adhérer à son opinion, notamment quand il a expliqué ce qu'est un compte d'exploitation et qu'il a fait le parallèle avec le budget familial. Il a présenté des arguments acceptables pour les personnes par rapport à leur contexte, à leurs idées ou à leurs décisions.

Une argumentation se prépare et nécessite de se poser des questions sur les attentes de son auditoire. L'argumentaire peut reposer sur les fameux trois H :

- *Head*, pour la tête, qui symbolise le rationnel ;
- *Heart*, pour le cœur, qui fait appel aux valeurs, aux attentes et aux intérêts de l'entreprise... mais aussi de l'auditoire, ne l'oublions pas ;
- *Hand*, utilisé pour évoquer tout ce qui est du domaine factuel et opérationnel. Cette phase nécessite de réfléchir non seulement aux éléments objectifs mais aussi aux processus psychologiques et/ou politiques en jeu.

TENIR COMPTE DES PROCESSUS PSYCHOLOGIQUES DES ÊTRES HUMAINS

Un être humain a besoin de temps pour changer d'avis, puis pour se mettre à l'action. On ne peut pas raisonnablement s'attendre à ce qu'une personne change d'avis en un tour de main ni l'admette tout de suite. Elle va devoir passer par des étapes qui l'amènent à accepter le changement et à le gérer. Pour aller de A à Z, il est nécessaire de passer par toutes les lettres de l'alphabet. Notre impact dépend de l'acceptation de ce phénomène et de la façon dont nous l'intégrons dans nos interventions ou nos présentations.

Nos collaborateurs, nos pairs, nos clients, notre patron vont peut-être devoir surmonter leurs propres contradictions. En psychologie, on appelle cela « gérer ses dissonances cognitives », et toujours selon la psychologie, on passerait beaucoup de temps à cela ! Que signifie gérer ses dissonances cognitives ? C'est, par exemple, aller faire les soldes avec un budget de deux cents euros, en dépenser quatre cents, et se raconter et raconter partout à quel point on a fait des économies ! Pour gérer un certain nombre de pensées ou de comportements qui ne nous semblent pas cohérents entre eux, on effectue un « processus de rationalisation ». Nos interlocuteurs ont besoin qu'on les aide à rationaliser parce qu'ils vont devoir agir parfois de manière contradictoire avec des croyances anciennes.

Dans le cas de Frédéric et de sa société d'informatique, le personnel avait une croyance ancrée dans le fait que « la société », élément abstrait et impersonnel, « pouvait payer ». En même temps, les collaborateurs commençaient à être inquiets à cause des licenciements dans d'autres filiales du groupe. Ils pensaient à la fois que la société était riche et qu'ils pouvaient être en danger ! Dans son discours, Frédéric les a aidés à comprendre le fonctionnement de la société et à en redevenir acteurs. Les éléments étaient rationnels et l'explication pédagogique. Il ne les a pas mis en porte-à-faux en leur expliquant que ce qu'ils pensaient était contradictoire. En leur redonnant le sens, il les a aidés à rentrer dans un processus de rationalisation.

D'autre part, nous évoluons dans des systèmes complexes où les jeux et les enjeux de chacun sont difficiles à décrypter. Dans toutes les organisations humaines, les acteurs sont pris entre leurs objectifs personnels, les objectifs de l'organisation, les ressources sur lesquelles ils peuvent s'appuyer et des contraintes d'ordres divers.

BÂTIR NOS ARGUMENTAIRES EN FONCTION DE LA STRATÉGIE DES ACTEURS

À partir des ressources et des contraintes de l'environnement, les acteurs construisent des stratégies, sortes de comportements stables qui nous permettent de repérer et de comprendre leurs enjeux à tous les niveaux. Si nous tenons compte de ces enjeux, nous pouvons construire des argumentaires « entendables » par nos interlocuteurs ou qui vont leur simplifier la tâche lors d'une présentation à leur N+1, par exemple.

Denis est directeur général adjoint d'une société qui gère des parkings dans différentes villes de France. Il souhaite optimiser les coûts de fonctionnement de la structure en externalisant tout ou partie de ce qui n'est pas directement lié au cœur de métier de l'entreprise. Il pense qu'en faisant cela, il va réduire de 15 % les frais de fonctionnement. C'est une décision importante qui doit avoir l'aval de son directeur général. Il est prévu qu'il présente son projet lors d'une réunion avec lui dans les prochains jours. Il prépare ses documents et son argumentaire avec soin. Les chiffres sont formels et prouvent que c'est la bonne solution. Sauf qu'il sait que son directeur général a bâti toute sa carrière sur sa capacité à tout contrôler et à minimiser les risques ; s'il le pouvait, il contrôlerait tout lui-même. Le recours à des sous-traitants est pour lui synonyme de perte de contrôle et d'autonomie. Denis sait qu'une partie de son argumentaire va devoir reposer sur sa capacité à démontrer que l'entreprise ne perd pas le contrôle dans le processus d'externalisation. Il va donc s'attacher, tout le long de la présentation, à démontrer tous les points de contrôle possibles, la faculté d'intervention qui reste à l'organisation ; à tout moment, l'organisation sait ce qui se passe grâce à des reportings réguliers qu'il inclut comme contraintes dans le cahier des charges.

Pour susciter l'intérêt, la construction de l'argumentaire est une phase importante, et ce, malgré tout ce qui se dit sur le fait que le message ne se comprend pas avec les mots. On va voir que si : les mots sont importants et ils doivent être en phase avec l'objectif.

CONSTRUIRE DES ARGUMENTAIRES CENTRÉS SUR L'OBJECTIF : LES 10 % QUE VOUS VOULEZ QUE L'ON RETIENNE

De nombreux débats secouent la communauté de la psychologie ou de la formation concernant les travaux d'Albert Mehrabian[1] et de la fameuse règle des 7 %/38 %/55 %. Pour mémoire, la compréhension

1. Albert Mehrabian, né en 1939, professeur émérite en psychologie à l'Université de Californie (Los Angeles), est connu pour ses publications sur la différence d'importance entre les messages verbaux et non verbaux.

d'un message serait issue à 7 % du sens des mots, à 38 % de l'intonation et du son de la voix, et à 55 % de l'expression du visage – que certains étendent au corps. Rappelons, tout d'abord, que ces fameux travaux consistaient à comprendre comment s'établissait le fait d'apprécier quelqu'un au premier abord grâce aux mots, à la voix ou aux expressions du visage. Par ailleurs, d'autres travaux[1] ont démontré que l'impact du non-verbal et du verbal dépendait fortement du contexte.

Dans la même veine, on a coutume de dire que l'auditoire ne retient que 10 % de ce qui est dit. Au-delà des chiffres, dans leur essence toujours contestables, il est certain que chacun d'entre nous grappille dans ce qu'il entend et que nos filtres nous aiguillent vers des sélections conscientes et inconscientes. De ce fait, nous retenons aléatoirement des bribes de ce qui est dit. Plus la place de marché est grande, c'est-à-dire plus vous dites de choses différentes, et plus le client se perd, c'est-à-dire que vos interlocuteurs font des choix aléatoires, en fonction de leurs filtres et de leur humeur du moment (eh oui, ça compte aussi, l'humeur !). Vous devez donc veiller à centrer votre discours autour d'un seul objectif et à être concis. Prenez garde de ne pas confondre l'objectif et les moyens. Cela n'a l'air de rien mais c'est très courant. On va illustrer ce danger par un exemple très simple…

Vous avez sûrement déjà vécu ce type de situation : on vous a demandé d'intervenir lors d'une réunion d'un groupe projet transversal afin de réorienter le groupe. En effet, le projet tel qu'il évolue n'est plus totalement en phase avec la stratégie de l'entreprise. Vous ne connaissez pas tous les participants et eux non plus ne vous connaissent pas. Vous allez devoir vous présenter.

Ce moment est crucial car ce sont les premiers mots de votre prise de parole. Les participants vont se faire une opinion de vous en quelques minutes. Ils vont décider (consciemment ou inconsciemment) de vous accorder ou non leur confiance, de vous entendre et de faire quelque chose ou non dans le sens de votre intervention.

1. Entre autres, Judee K. Burgoon, David B. Buller and W. Gill Woodall, *Nonverbal Communications: The Unspoken Dialogue*, Longman Higher Education, 1989.

Avez-vous réfléchi à l'objectif de cette introduction avant de vous lancer dans la récitation de votre CV ? S'agit-il de présenter tout ce que vous avez déjà fait de façon chronologique et de vous en débarrasser au plus vite ? C'est humain de le faire ainsi, car l'importance de ce moment nous échappe souvent. Mais vous l'avez bien compris, la présentation est un moyen d'asseoir votre crédibilité, votre compétence, votre fiabilité, ou tout ce qu'il semble important d'avoir défini au préalable (notamment grâce au travail sur les qualités tel que nous l'avons défini plus haut, dans ce même chapitre) et qui va servir votre intention (que vont-ils faire après avoir entendu votre intervention ?) et votre objectif (rediriger le projet pour qu'il soit plus en adéquation avec la stratégie).

Vous allez donc préparer la présentation de votre parcours afin qu'elle soit en phase avec la qualité dont vous avez besoin et ne pas perdre de vue l'objectif de votre prise de parole. Il y a plein de choses dans votre CV dont vous allez pouvoir vous dispenser et d'autres que vous allez sûrement approfondir. Essayez l'exercice la prochaine fois qu'on vous demande de vous présenter et pensez à ce que vous attendez de l'autre : vous verrez, votre manière de vous présenter va complètement changer !

S'il est vrai que nos interlocuteurs retiennent peu de ce que l'on dit, cela nous oblige à définir quel est ce « peu » que nous, nous aimerions qu'ils retiennent. Attention, il s'agit moins d'un phénomène de mémoire que de définir ce dont leur conscient et leur inconscient doivent être imprégnés.

Si vous avez l'opportunité de vous préparer (pour une intervention en convention ou en réunion par exemple, c'est une obligation absolue), gardez présentes à l'esprit les deux questions suivantes :

- Si l'autre ne doit retenir que 10 % de mon message, de quoi s'agit-il précisément ?
- Dans ce que je prévois de dire, qu'est-ce qui sert mon objectif et qu'est-ce qui ne sert à rien, voire dessert mon objectif ?

L'argumentation doit être construite autour de ces 10 % et rien d'autre. En fait, cela revient à définir une idée force. Cette idée est la clé. Tout ce qui est dit sert cette idée. Sinon, jetez ce qui ne sert à rien ou qui brouille les 10 % que vous avez définis ! Ainsi, vous donnez du sens à votre intervention. Toute votre approche est ensuite de servir ce sens et rien d'autre. Surtout ne cherchez pas à faire une performance oratoire qui n'a pas sa place ici et qui n'aurait pour effet que de vous couper de la relation à l'autre.

Au début, donnez le fil rouge de votre intervention, avec les grandes parties qui sont les arguments principaux de votre idée force, pour que l'auditoire puisse s'installer. Il peut se mettre en posture d'écoute car il sait où vous voulez en venir. Dans le cours de votre argumentation, évitez les phrases sans fin, ou de rentrer dans des détails qui embrouillent ou font perdre le fil.

Mettez toute votre énergie autour des 10 % que vous avez définis et qui sont devenus vos 100 % : argumentez, soyez conscient que ce que vous dites est important quand vous le dites, ce qui permettra à votre corps de se mettre au diapason. C'est l'intention que vous portez qui vous aidera à mettre le ton et à faire les gestes appropriés. Si vous êtes clair avec ce que vous avez à dire, le tout fera cohérence pour une meilleure compréhension du récepteur et un impact maximal sur lui.

« Quand je prépare mon intervention dans le cadre du comité opérationnel qui représente cent cinquante personnes environ, je fais toujours un premier plan de ce que j'ai à dire, nous confie Danielle, directrice commerciale dans une société qui distribue du matériel de bureau pour les collectivités et les entreprises. Puis, je me demande quels pourraient être les 10 % que j'aimerais que les gens retiennent. Je reconstruis ensuite mon intervention autour de ces 10 % : je veille à y faire référence souvent, à les répéter, à les garder comme fil rouge afin de ne pas me disperser. Ce n'est pas facile, car j'ai toujours tendance à ajouter de l'information mais en fait, à l'arrivée, cela ne fait que brouiller mes messages et dessert mes objectifs. Or, d'une part, tous les directeurs commerciaux de secteurs doivent être solidaires et cohérents dans leurs approches du marché. D'autre part, j'aime sentir l'adhésion des membres du comité exécutif car ils deviennent ensuite des supports efficaces quand nous émettons des besoins ou des demandes liés à l'évolution des marchés ou à des sursauts de la crise. »

Focaliser sur une idée force sous-entend de maîtriser son sujet. La préparation, quand elle est possible, comprend la recherche de la précision et de l'exactitude. Une seule erreur ou approximation jette le doute et met à mal votre crédibilité sur l'ensemble de ce que vous dites. Aussi, lors d'une réunion, si vous maîtrisez mal un sujet, évitez les interventions intempestives et les observations. Même si vous avez beaucoup d'impact sur les autres au moment où vous vous exprimez et que vous pouvez faire basculer une décision, vous paierez par la suite vos propos infondés. La gestion de son capital crédibilité-fiabilité permet aussi de gagner en impact sur le long terme. Faites attention à ce que vous dites.

INCROYABLE, LES MOTS NE COMPTENT PAS POUR DU BEURRE !

« Les mots qui vont surgir savent de nous des choses que nous ignorons d'eux. »
René Char, *Chants de la Balandrane*

Construire son argumentaire, c'est aussi choisir les mots que nous allons utiliser. Malgré la difficulté que nous avons à nous comprendre mutuellement, inhérente au langage et à la condition humaine, les mots ne sont pas dérisoires, même s'ils ne sont pas toujours retenus par l'auditoire.

L'analyse des mots que l'on choisit est un travail intéressant en soi. Les mots que nous utilisons et le sens que nous leur donnons sont notre marque de fabrique. Ils reflètent nos marottes, notre histoire, nos lectures. En même temps, nous les utilisons pour communiquer avec d'autres qui ne les perçoivent pas de la même manière. Prudence, donc. Il s'agit de les choisir avec soin d'autant plus lors d'interventions sur des sujets difficiles ou en période de crise : plan social, annonce de pertes, difficultés à atteindre les objectifs, changements de stratégies répétitifs, etc. À ces moments-là, les gens sont particulièrement sensibles : ils peuvent s'accrocher à un mot et perdre tout le sens de ce que vous étiez en train de dire !

Lorsque nous nous préparons, prenons le temps de regarder les mots, de profiter de ce qu'ils nous disent pour clarifier notre rôle : moi et mon rôle, les autres et mon rôle, mon rôle par rapport aux autres, nous (l'entreprise), mon rôle dans mon équipe, etc. Cette clarification permet de mieux choisir les mots que nous allons utiliser.

Sabine, trente-huit ans, est directrice d'agence dans une société d'intérim : « Lors de mes premières interventions devant mon équipe, j'avais tendance à dire "je souhaite que vous fassiez ceci ou j'aimerais qu'il se passe cela". Suite au travail que j'ai entrepris sur mon rôle, ma posture et l'incidence que cela pouvait avoir sur mon discours, je dis plus souvent "nous". Je ne dis plus, par exemple "voici les objectifs que j'ai fixés pour cette année par rapport aux objectifs fixés par le groupe et je vous demande de les réaliser", mais "en fonction de ce que le groupe attend de nous, nous avons x comme objectif cette année". Cela n'a l'air de rien mais cela change tout car je me suis identifiée comme faisant partie de l'équipe, et non pas en dehors et en attente. »

Ce que nous avons à dire, ce que nous devons dire, comment nous allons le dire, il faut y penser avant. La préparation revêt donc un caractère obligatoire y compris lors d'une réunion où l'intervention spontanée ne peut pas exister sans quelques minutes de réflexion avant la prise de parole. Ce n'est pas toujours le cas, notamment lors des réunions moins ou mal préparées, ou lorsque le manager est questionné dans le quotidien ou à la machine à café. Posons donc comme principe de prendre le temps de la réflexion avant de nous exprimer.

N'employons pas les mots par routine ou par habitude. Réfléchissons à leur sens, ce qui nous permettra de nous les réapproprier. Cette réappropriation les rend vivants à l'intérieur de nous et nous pourrons alors les animer, leur donner une âme, quand nous les prononcerons. Cette âme permettra à notre corps de se mettre en mouvement, à notre voix de porter son message avec l'intonation adéquate, et ce, sans qu'on ait besoin d'y penser, sans avoir besoin de se concentrer, donc de se regarder soi-même, mais en créant le lien avec l'autre.

Un autre principe s'impose : n'essayons pas de tricher. Ce qu'on dit, on le pense. Quand ce n'est pas le cas, la voix et le corps disent des choses différentes (ou alors, il faut être un grand comédien, ce qui n'est pas notre propos), et l'autre s'en rend compte. Alors, on perd son impact, et dans un monde où tout se sait et très vite, on peut perdre son impact pour un long moment...

Nous devons définir les mots qu'on aimerait garder vivants et actifs dans la mémoire de l'autre, leur donner corps, les animer, et les offrir à notre auditoire. N'hésitons pas non plus à redonner leur définition pour que l'autre perçoive le sens que nous y mettons, et choisissons des mots simples et compréhensibles par tous. Ils porteront alors leurs fruits, les fruits de l'impact, et porteront nos interlocuteurs vers les actes attendus.

D'accord ou pas sur la fameuse règle des 7 %/38 %/55 % d'Albert Mehrabian, « on ne retient presque rien sans le secours des mots, et les mots ne suffisent presque jamais pour rendre précisément ce que l'on sent »[1]. Cela ne date donc pas d'aujourd'hui que l'on considère que le non-verbal revêt aussi une très grande importance dans la compréhension du message. Force est de constater que ce non-verbal nous échappe souvent. Est-ce possible de le laisser hors de notre conscience alors qu'il revêt, sans conteste, une réelle importance ?

LES MOTS HABITENT MON CORPS ET PRENNENT VIE AVEC LUI

Le verbal et le non-verbal ne sont pas dissociables quand on veut avoir de l'impact.

« Je suis heureux d'être parmi vous » : combien de fois avez-vous prononcé cette phrase ? Combien de fois l'avez-vous entendu prononcer ? Avez-vous remarqué la tête des gens quand ils disent cela ? Et la vôtre ? Vous êtes-vous déjà posé la question ? Prêtez-y attention à partir de maintenant et analysez combien de fois vous croyez à ce que la personne dit... Il n'est pas rare qu'elle ait plutôt l'air d'aller à un enterrement ! Cette phrase-là est redoutable. Croyez-vous qu'on peut ensuite avoir foi en ce que la personne en question va raconter ?

Regardez-vous dans une glace et répétez la phrase en la ressentant vraiment, en pensant à ce que vous dites, en habitant la phrase. Que

1. Denis Diderot, *Pensées détachées sur la peinture, la sculpture, l'architecture et la poésie* (1776), in *Héros et martyrs*, Hermann, Paris, 1995.

se passe-t-il ? Une fois que vous avez construit votre argumentaire, vous devez devenir l'argumentaire !

> **Je vous confie ma phrase totem, celle qui m'aide quand je fais une conférence ou une animation de groupe : « Tout en moi donne forme et je deviens la forme des mots. Je leur donne la vie, et je les offre. » C'est un travail mental et physique qui vous aidera à trouver l'harmonie verbale et non verbale qui rend vivant ce que vous dites au point de lui donner tout son sens et que l'autre soit touché par ce sens.**

Comme je l'ai souligné au chapitre précédent, il n'est pas question ici de grands gestes ou de gestes automatiques qui feraient de vous, suivant certaines théories, un grand orateur. Mais, rappelons-nous encore une fois que notre propos n'est pas de devenir un grand orateur mais une personne impactante, qui touche l'autre, au point même de la faire bouger, de lui faire faire quelque chose. Comme je l'ai déjà évoqué, la racine du geste suffit pour que l'autre ressente, et cette racine se trouve déjà dans les mots que vous prononcez. Cette racine se perçoit à condition de faire le travail sur les mots tel que nous venons de le préciser, à condition que les mots soient les vôtres, choisis avec soin. Cet effort de cohérence redonne le sens des mots. Il vous permet d'être présent « ici et maintenant » quand vous parlez, c'est-à-dire dans la conscience du sens, de l'habiter (et non de le mimer !), de le vivre, et de le faire vivre, y compris quand vous vous appuyez sur une présentation sur écran.

MA PRÉSENTATION POWERPOINT ET MES NOTES SONT DES SOUTIENS

Notre présence est rendue plus difficile lorsque nous nous appuyons sur une présentation avec des diapositives diffusées sur un écran. Souvent, ce support qui devrait nous aider nous paralyse car il nous enferme dans une posture et un discours rigides, qui manquent pour le moins d'intérêt pour nos auditeurs. Car à ce moment-là, nous ne pouvons plus être dans la relation avec eux et nous ne vivons pas ce que nous disons. Soyez certain que dès que vous coupez le lien et que vous n'êtes plus dans la vie des mots, vos interlocuteurs vont en faire de même à la moindre occasion. Et ces occasions d'être déconcentré ne manquent pas : une course oubliée, une tâche à faire, un retard à rattraper. Et hop, votre impact se dilue dans les pensées lointaines de vos auditeurs !

Lorsque vous préparez vos diapositives, posez-vous les questions suivantes :

- Cette diapositive va-t-elle servir ce que je dois faire faire aux gens qui m'écoutent ?
- Apporte-t-elle quelque chose aux fameux 10 % que je souhaite qu'ils retiennent ?
- Est-elle claire dans sa forme, concise et précise ?
- Est-elle vraiment nécessaire à mon argumentation ou perd-elle l'auditoire dans les détails ?

Soyez certain qu'un auditoire dont vous avez su susciter l'intérêt va vous poser des questions s'il a besoin d'éclaircissements supplémentaires. Quelques diapositives *back up* (c'est-à-dire des diapositives préparées à l'avance en vue de répondre aux questions des collaborateurs) sont bien plus nécessaires qu'une profusion de diapositives pour tout dire mais qui, du coup, noient l'essentiel, c'est-à-dire vos 10 %.

N'oubliez pas que la présentation des diapositives n'est pas l'objectif. Là encore, il s'agit de ne pas confondre objectif et moyen. Le PowerPoint prend tellement d'importance dans les organisations qu'on peut se demander si ce n'est pas parfois devenu l'objectif en lui-même ! Les présentations sont devenues des sortes de fourre-tout d'informations et les managers sont devenus des professionnels du PowerPoint bien plus que du management. Ne vous laissez pas aller à cette dérive !

Le manager-leader qui vise l'impact utilise la présentation sur écran comme un moyen, le moyen d'arriver à ses fins : faire voter le budget ? Faire adhérer aux projets en vue d'une validation ou de prochaines actions ? Être autonome dans son poste ? Avancer vers une promotion ? Il ne perd jamais de vue son objectif et utilise la présentation PowerPoint comme un support pour son argumentation et non comme l'argumentation elle-même.

« J'avais pour habitude de faire des présentations PowerPoint à tout bout de champ, nous confie Marc, directeur marketing dans une société d'import export de fruits. Je voulais y mettre le plus d'informations possible, ce qui était pesant pour tout le monde. En fait, j'ai réalisé que je me trompais d'objectif : je voulais informer mais je n'étais pas clair avec l'objectif de la présentation en elle-même et sur ce que j'attendais du boss et du comité quand je faisais mes présentations. Depuis que je fais ce travail d'objectivation, je réfléchis à l'utilité de chaque diapositive avec cet éclairage, j'en mets beaucoup moins, je passe deux fois moins de temps à gérer mon PowerPoint. Je suis moi-même plus à l'aise à l'oral lors des réunions, et mes actions obtiennent plus rapidement les validations escomptées. »

Une présentation PowerPoint se veut à votre service et non l'inverse. C'est un support. Ce qui signifie qu'une présentation avec diapositives peut aussi se faire sans : ce n'est ni votre canne, ni votre substitut. C'est vous le présentateur. À la lumière de tout ce que nous venons de voir, vous êtes surtout et avant tout un animateur, c'est-à-dire un donneur d'âme, c'est ce qui vous rend impactant.

Vous pouvez aussi avoir besoin d'une note. La note, comme aide-mémoire, n'est pas à prohiber, mais elle doit être un complément et non un substitut à votre mémoire ou au travail de répétition. Il est impossible de lire ses notes sans risque de perdre la relation avec son public, de devenir monocorde et de manquer de cohérence entre le verbal et le non-verbal. Le papier vous embrouille quand il est mal préparé et trop dense. Dans le cadre d'un discours important en termes d'enjeux, la note va évoluer au fur et à mesure des répétitions : il n'est donc pas possible de se faire une note qui va rester identique jusqu'au jour J.

La taille du support importe peu en soi : vous devez être à l'aise, pouvoir vous relire facilement, vous retrouver dans les thèmes d'un seul coup d'œil. Surtout, le document ne doit pas vous empêcher de bouger. La lecture d'un papier casse systématiquement le lien : vous ne regardez plus les gens, votre corps se sclérose, votre ton devient théâtral au mieux, monocorde au pire, vous n'habitez plus les mots. Bref, la catastrophe totale !

Quand vous avez besoin de consulter vos notes, lisez ce que vous avez écrit dans le silence, et parlez après, tout en retrouvant le contact visuel avec l'auditoire et votre propre cohérence verbal/non-verbal. Le silence peut servir l'impact puisqu'il permet aux auditeurs de s'installer mentalement et d'être prêts à vous écouter, de faire une pause, de souffler, d'analyser ce qui vient d'être dit.

Pour garder l'intêret que vous éveillez, les silences sont pour vous des occasions d'écouter l'autre dans ses réactions, ses opinions, et sa différence. Accords, soutien, mais aussi désaccords ou expression de colère sont des signes que les individus sont touchés et qu'un chemin en eux est en cours. À vous d'influencer ce chemin dans un sens ou dans un autre : prenez conscience de la répercussion de votre argumentation, de vos mots ou de votre comportement lorsque vous parlez, et réajustez si c'est nécessaire. Cela vous sera de plus en plus facile au fur et à mesure que vous appliquerez tout ce que nous venons de voir.

Pour récapituler, susciter l'intérêt exige que nous prêtions attention à la façon dont nous construisons nos argumentaires :

- Nous fixons des objectifs précis (qu'est-ce qu'on attend d'eux ?).
- Nous nous préoccupons de ce qui intéresse nos interlocuteurs afin d'adapter notre discours à leurs problématiques.
- Nous les aidons à reconsidérer leur point de vue grâce à un argumentaire basé sur des faits et grâce aux bonnes raisons qui peuvent générer leur adhésion.
- Nous gardons à l'esprit que les êtres humains ne changent pas d'avis facilement et qu'ils ont besoin d'étapes.
- Nous intégrons que nous avons tous à gérer nos dissonances cognitives (nos très fameuses contradictions), ce qui nous contraint à élaborer des processus de rationalisation dans nos discours.

- Dans les entreprises, les personnes ont toutes des stratégies en rapport avec leurs enjeux et les organisations dans lesquelles elles évoluent, ce qui nous amène à nous poser la question de ces stratégies et de leur incidence sur notre argumentaire.
- Nos interventions sont centrées autour d'une idée force, les 10 % que nous souhaitons qu'ils retiennent.
- Les mots ont un sens. Nous avons à les définir, à nous les approprier et à les rendre vivants. Nous les choisissons simples et compréhensibles par tous. Nous allons aussi les redéfinir quand nous les employons afin que tous perçoivent le sens qu'on veut leur donner.
- Les mots habitent le corps et nous retrouvons l'harmonie verbal/non-verbal qui rend vivant et crédible ce que nous disons.
- Les présentations à l'écran sont des supports... et doivent le rester ! Vous êtes l'animateur, un donneur d'âme, et vous êtes vigilant à ce qu'elles ne vous détournent pas de votre objectif (que vous savez maintenant fixer en termes d'actes attendus et que vous ne confondez plus avec les moyens).
- La note ne vous encombre plus parce que vous vous êtes préparé, parce qu'elle est claire et contient les principaux thèmes, et parce que vous n'avez plus peur des silences et des pauses.

Attirer l'attention et susciter l'intérêt sont des points importants mais ils ne suffisent pourtant pas pour avoir de l'impact au point de faire bouger l'autre. Il y a quelque chose qui le pousse à l'action : il faut qu'il en ait envie !

D POUR ÉVEILLER LE DÉSIR : « J'ENTENDS CE QUE TU DIS ET ÇA ME DONNE ENVIE DE BOUGER ! »

« Ce qu'il a dit me motive et j'ai envie de participer à ce challenge » : qui ne rêve pas d'entendre cette petite phrase de son collaborateur ? Et même sans l'entendre, qui n'apprécie pas de voir, par exemple, sa petite équipe se démener après son discours de présentation d'objectifs ?

Ceux qui vous écoutent ont des réactions conscientes et non conscientes. Cela signifie qu'ils peuvent exprimer leur désaccord ou, en tout cas, en être conscients. Mais ils peuvent aussi, sans s'en rendre compte, adopter des comportements de rejet ou de blocage.

Anne-Lise a été convaincue par Nathalie, directrice des études, sa supérieure directe, de participer à l'élaboration d'un nouveau concept au sein d'un groupe projet qui rassemble plusieurs intervenants du service marketing. Elle est une des responsables des études dans un groupe cosmétique. Mais elle est en retard à chaque réunion et arrive sans avoir préparé la réunion. Récemment, elle n'a pas répondu à un courriel la sollicitant dans le cadre de ce projet et cela a mis tout le groupe en retard. Quand Nathalie revient vers elle pour lui exposer la situation dont lui a fait part le chef de projet, Anne-Lise s'effondre. Elle ne s'était pas vraiment rendu compte de son comportement et des freins que cela représentait pour le groupe. Elle bafouille que le projet est mal ficelé, que les gens du groupe ne sont pas très adaptés au projet. En fait, elle cherche à se justifier… Cette justification a posteriori *ne vous rappelle-t-elle pas le besoin de gérer une dissonance cognitive ? Anne-Lise a accepté de participer à ce projet mais son comportement prouve qu'elle n'y participe pas. Elle doit donc justifier son comportement avec des arguments plus ou moins honnêtes. Finalement, au bout de trente minutes de discussion avec Nathalie, Anne-Lise avoue qu'elle n'a pas envie de participer à ce groupe et qu'elle a l'impression de perdre son temps !*

On peut se demander comment Nathalie a pu convaincre Anne-Lise d'accepter la mission. Les faits et les arguments devaient être pertinents et acceptables rationnellement pour Anne-Lise. Sauf que, même si Anne-Lise a accepté oralement de participer à ce projet, quelque chose en elle n'en avait pas envie. Elle-même ne sait pas vraiment définir quoi. Mais de fait, son comportement n'a pas été clair et elle n'a pas beaucoup participé au projet, elle l'a même freiné. Cela vous rappelle-t-il quelque chose ? N'avez-vous jamais rien vécu de semblable ?

Cette notion d'envie n'est pas anodine, et, pourtant, elle est celle que tout le monde oublie derrière l'apparence de la rationalité. De manière générale, les managers-leaders, conscients de l'importance de leurs interventions, discours, présentations de projets ou dossiers, prises de parole en réunions, apportent un très grand soin à la dimension objective de leur communication. Dans un monde économique qui se veut rationnel, malgré toutes les mises en garde de la psychologie ou de la sociologie, la part irrationnelle qui poussera l'autre à rentrer dans vos objectifs est complètement oubliée.

VOTRE DÉSIR SE TRANSFORME EN ENVIE DE PARLER

AIDA nous aide à graver dans nos mémoires que, même les techniciens, dans leurs échanges, y compris si les critères rationnels semblent guider leurs choix, obéissent à cette règle de la constitution humaine : sans déclenchement du désir, nul acte !

Ce qui signifie que le manager-leader ne peut faire l'impasse sur la question « comment donner le désir à l'autre de m'entendre, de m'écouter et, au-delà, de faire ce que je souhaite qu'il fasse ? »

Comme j'ai déjà été amenée à le signaler précédemment, son désir à soi est pour beaucoup dans le désir que l'on peut déclencher chez l'autre. Et s'il n'est pas certain à 100 % que son propre désir déclenche le désir de l'autre, il est vrai, sans conteste, que l'absence de désir chez soi ne peut déclencher chez l'autre de désir. Du désir naît l'envie, sa petite sœur, définie comme la volonté de faire ou de posséder quelque chose sans en avoir besoin.

Si vous n'avez pas envie de parler, pourquoi voudriez-vous que celui qui est en face ait envie de vous écouter ? Si vous ne désirez pas qu'il bouge, pourquoi voudriez-vous qu'il en ait envie, lui ? Si vous êtes son patron, vous êtes son modèle. Dans tous les cas, l'autre est un miroir. Si les désirs peuvent se nourrir mutuellement, le vôtre doit être le premier à se manifester parce que vous êtes celui qui veut impacter.

Cette notion du désir et de l'envie est à rapporter à ce que nous avons appelé jusqu'à présent l'intention profonde. Si nous sommes au clair avec notre intention profonde (ce que l'autre doit faire après qu'on a parlé), alors il est certain que nous aurons le désir et l'envie de la partager.

Les réactions conscientes et inconscientes de nos interlocuteurs sont des réactions miroirs à l'énergie que nous dégageons. Cette énergie, si on va la chercher en soi, est issue de notre

intention et de nos objectifs qui deviennent très lisibles pour celui qui écoute, dès qu'on ouvre la bouche.

Cette lecture, l'autre ne la fait pas toujours consciemment. Il ressent quelque chose : c'est une compréhension intérieure qui lui déclenche un certain type d'émotion comme l'enthousiasme, le plaisir, le sentiment de faire partie d'un groupe ou d'un projet, la fierté, etc.

Déclencher le désir d'agir chez l'autre, c'est accepter d'entrer dans la relation, générer consciemment l'interaction avec l'autre, intégrer son attente, y répondre. C'est aussi accepter que le changement chez l'autre puisse se manifester lentement, qu'il lui faut du temps, qu'il s'agit de la rencontre de deux ego. Je le répète : chacun est arrivé avec ses idées, ses croyances, son histoire, et celui qui est devant nous à nous écouter n'a *a priori* pas envie d'en changer. En tant que manager-leader, notre challenge est donc immense : donner envie à l'autre de changer, de bouger, d'agir, et ce, librement et avec plaisir !

Est-ce possible ? Mais oui...

DONNER ENVIE EST UN DON

Donner envie. Donner. Don. C'est bien de « don » dont il s'agit ici. Donner envie ou donner la vie (*animare*, « animer » en latin) à nos paroles, être « en vie » en fait, ne peut se faire que par le don, celui de soi-même. Tandis que nous parlons, nous oublions notre moi, notre propre ego. Nous oublions de nous regarder, de nous juger, de nous considérer, pour prendre en considération l'autre. Nous nous projetons dans notre relation à lui. Nous sommes attentif à l'autre, nous empruntons le chemin de notre désir d'aller vers l'autre pour éveiller son désir à lui de nous entendre et de nous suivre. Nous n'oublions jamais que c'est à nous, orateur, manager-leader, qu'incombe la responsabilité de se faire comprendre. Il s'agit d'une responsabilité individuelle et personnelle qui ne souffre pas d'exception.

Notre désir va devoir être généreux car porteur de ce don, indispensable et irremplaçable. C'est aussi et surtout un formidable antidote à toute forme de crainte. Donner, c'est s'oublier, c'est changer de paradigme en ne pensant qu'à l'autre, c'est se défaire de cette timidité qui n'est en fait qu'une peur du jugement de l'autre, donc une certaine forme d'orgueil sublimé. C'est aussi oublier ses propres regards et ces regards scrutateurs qui nous dérangent parce qu'on ne pense qu'à ce que l'autre va dire ou penser de nous. Ils nous dérangent parce que nous restons autocentrés au lieu d'aller résolument vers l'autre en pensant à l'autre. Dans l'acte de parole, dans l'« ici et maintenant », l'autre a la primauté, on ne le dira jamais assez.

Entrer dans la relation et se situer dans le don nous ouvre à l'autre et nous permet de lui parler, d'être reçu par lui, et d'éveiller son désir. Notre envie entraîne son envie.

Mais certains me disent que, justement, ils n'ont pas envie d'être là, de parler, de communiquer. On le voit d'ailleurs très bien dans la mine lugubre de celui qui dit « je suis heureux d'être là » ! Ce que nous pouvons comprendre si l'acte de la parole est déconnecté de son contexte. Mais rappelons-nous que nous sommes dans le cadre d'une mission. Quand nous avons signé notre contrat de travail, nous avons accepté une mission dans toutes ses composantes. Tout poste de management suppose de communiquer, que ce soit avec ses collaborateurs directs, avec ses supérieurs, avec ses clients ou bien avec ses fournisseurs. Il suppose aussi des moments de discussion en réunion, des présentations devant un public plus ou moins fourni, dans des situations plus ou moins impressionnantes (auditorium, scène, micro, etc.).

Vous rentrez dans votre mission. Si vous avez choisi votre métier et votre poste, ce qui est majoritairement le cas des postes de direction, alors vous éprouvez un sentiment de satisfaction lorsque vous faites bien votre travail. Or, vos interventions font partie de ce travail. Votre impact et votre efficacité, à ce moment-là, sont en mesure de vous provoquer un vrai contentement. Vous pouvez aisément avoir du plaisir à impacter vos collaborateurs : le plaisir d'avoir mis toutes les chances de votre côté pour réussir, de faire ce qu'il faut, de le faire bien, d'être complètement dans votre mission, de vous transcender. Votre plaisir va se voir, se transmettre, vous allez l'offrir à votre public, et celui-ci va à son tour avoir du plaisir à vous écouter.

LE DÉSIR EST UNE ÉNERGIE QUI SE TRANSMET

Le désir et l'envie, moteurs intenses de notre propre comportement, se transmettent et se propagent. C'est une énergie qui se transforme en enthousiasme. « Ce sont les Grecs qui nous ont légué le plus beau mot de notre langue : le mot "enthousiasme", du grec *en theo*, un dieu intérieur », écrivait Louis Pasteur. Avec l'enthousiasme se propagent la joie, la bonne humeur, le plaisir. L'enthousiasme dont nous parlons ici n'est pas péjoratif car il n'est ni aveugle ni sourd aux réactions du public. C'est une petite flamme qui nous porte quand nous parlons, car nous prenons plaisir à être présent et à délivrer notre message.

Le plaisir fait partie des émotions positives dont il ne faut pas se priver à chaque fois qu'il se présente. Bien sûr, parfois, ce que vous avez à dire n'est pas plaisant, et votre désir se mue en une émotion moins agréable : la déception, la tristesse, parfois même la colère. Tant mieux, car toutes ces émotions sont facteurs d'impact ! Consciemment ou non, qu'on le veuille ou non, il y a quelque chose dans la relation avec les autres qui relève de l'émotion. Pour creuser ce thème, flasher ce code.

ou cliquer sur :
www.gagnezenimpact.com/nos-videos/desirs-et-emotions

Attention, il ne s'agit pas de séduire, comme je l'entends souvent quand la séduction vise à se faire admirer ou aimer. Ce n'est pas notre propos. L'impact n'est pas synonyme d'amour ou d'admiration, et l'entreprise n'est pas un endroit où l'on a comme but de se faire aimer. En revanche, pourquoi pas, il est judicieux de faire basculer l'interlocuteur vers une forme de sympathie prise dans le sens de bienveillance, disposition favorable à votre égard, et qui vous rend plus audible. Cette bascule peut être issue aussi d'un sentiment de crédibilité, de respect d'un savoir ou d'une compétence, ou de tout autre sentiment positif à votre égard, en travaillant sur des adjectifs qui nous définissent.

Arièle, quarante-six ans, est directrice « assurance des personnes » dans un groupe de caisse de retraite. Les gens de son équipe sont généralement très actifs. Lydie, une de ses collaboratrices, traduit son sentiment de la façon suivante : « Arièle, je ne partirais pas en vacances avec elle, car nous n'avons pas beaucoup de points communs. En plus, comme elle travaille sur plusieurs sites en France, on ne la voit pas souvent et finalement, on ne la connaît pas très bien. Mais elle sait nous donner la pêche ! Cela ne s'explique pas. Quand elle présente des projets, nous sommes tous à fond. Et quand ça ne va pas, elle organise des réunions qui nous regonflent comme des baudruches ! »

Le manager-leader ne cherche pas à se faire admirer quand il parle. Il ne fait pas de prestations oratoires, il ne fait pas de la scène. À partir d'un travail qu'il fait sur lui, il s'ouvre à la relation et va toucher l'autre avec respect et considération. Et l'autre attend ce moment.

« Je sentais bien qu'ils attendaient quelque chose », nous confie Sylvain, trente-neuf ans, executive director *dans une banque privée. Sylvain anime de nombreuses réunions avec différentes équipes de la banque. « Mais je ne comprenais pas quoi. Ils attendaient quelque chose que je ne leur donnais pas. J'avais l'impression que nos échanges tournaient court ! Cette question du désir a été une révélation. C'est une question vaste : que suis-je en train de faire ? Quelle est ma mission ? Et quel est mon désir dans ce cadre ? Comment puis-je le transmettre ? Ce sont autant de questions auxquelles j'ai longuement réfléchi. Cela a tout changé. Il y a une énergie nouvelle dans les réunions. Les gens sont plus actifs et prennent davantage leurs missions à cœur quand ils en sortent. Quand je ne suis pas en forme, je refais ce travail de questions, et je vais chercher tout au fond de moi les ressources qui rendront mon désir vivant. »*

Ainsi, le désir ne vient pas tout seul. De temps en temps, il faut aller le chercher. Sylvain va le chercher avec ce qu'on pourrait appeler sa conscience professionnelle. Là encore, il est question de conscience !

> **L'impact passe par le désir. Le désir, notre désir, est une conscience de ce que nous sommes en train de faire, de notre mission, et de la relation que nous construisons avec autrui. Nous sommes « ici et maintenant », dans la conscience de notre envie de parler, de transmettre, d'impacter.**

Ainsi, si cette question du désir reste une question complexe, nous avons quand même quelques pistes de travail :
- sans désir de notre part, pas de désir de l'autre ;
- notre désir de parler nous pousse à donner le meilleur de nous-mêmes ;
- le don de soi se fait dans la relation à l'autre ;
- le désir est une énergie qui se transmet ;
- ne boudons pas notre plaisir : cela se transmet aussi ;
- les collaborateurs attendent cette impulsion pour bouger : cela fait partie de leur besoin d'être entraînés.

Dans l'entreprise, tous les collaborateurs se plaignent que peu de choses les entraînent, c'est-à-dire les poussent à faire. La parole n'est, bien sûr, pas seule composante d'un ensemble de variables complexes. Mais elle revêt une importance majeure pour un manager-leader : une part importante de sa mission passe par la communication, qui a pour vocation l'action de l'autre.

■ L'ACTION DE L'AUTRE : L'AUTRE SE SENT POUSSER DES AILES

L'action est la résultante de deux désirs qui finissent par se rencontrer, l'un allant volontairement à la rencontre de l'autre, l'autre se sentant pousser des ailes. Cela peut sembler magique, insensé... Et cela l'est !

Anne-Catherine est présidente d'un organisme lié à l'action sociale. C'est dans ce cadre qu'elle fait part de son expérience : « Susciter le désir est une expérience incroyable, mais elle demande un peu de boulot avant. Comprendre AIDA, s'y entraîner, n'est certes pas facile.

Pour moi, les deux choses les plus difficiles ont été l'harmonie corps/mental et la question du désir. La première a nécessité du training à la caméra, c'est ce qui m'a aidée à prendre conscience que mon non-verbal n'était pas en accord avec ce que je disais et que forcément, cela se voyait et pénalisait mon impact. Quant à la question du désir et de retrouver l'envie, un vrai regard sur moi et quelques questions réflexes ont été salvateurs : qu'est-ce que je fais là ? Où est mon désir ? Qu'est-ce que je vais donner aux autres ? Cela valait le coup ! Ma communication a changé, que ce soit en face-à-face ou devant des groupes. Et les gens réagissent ! La dernière fois que j'ai fait une intervention devant un public, j'ai été étonnée du nombre de personnes qui sont venues me voir ensuite pour demander des précisions. Longtemps après, j'avais encore des gens qui me demandaient ce qu'ils pouvaient faire pour faire avancer mon projet. »

Les questions que se pose Anne-Catherine sont des chemins pour nous tous :

- Qu'est-ce que je fais là ?
- Où est mon désir ?
- Qu'est-ce que je vais donner aux autres ?

Ce que vous attendez, ce n'est pas un compliment sur votre performance oratoire. Vous n'êtes pas payé pour ça dans le cadre de vos fonctions professionnelles et cela n'intéresse que votre ego. Ce qui importe est de savoir si les gens qui vous écoutaient ont agi. C'est l'unique signe qui vous certifiera que vous avez « bien parlé ».

L'action qui suit votre prise de parole peut revêtir plusieurs formes : adhésion à un projet et support auprès des pairs et de la hiérarchie, mise en place d'actions concrètes correspondant à vos souhaits, implication plus forte aux tâches à accomplir qui se traduit par plus d'attention portée à l'exécution de celles-ci ou plus d'initiatives, participation accrue aux réunions que vous organisez, etc.

Dans le processus AIDA, l'argumentation (utilisée pour susciter l'intérêt) est au service de l'autre et de sa raison, le désir est le déclencheur de son action. Votre présence (pour attirer l'attention), dans l'harmonie de ce que vous êtes et de ce que vous montrez, crédibilise votre parole et lui permet d'être en confiance.

Gagner en impact quand vous vous exprimez est un travail en profondeur qui s'initie au cœur de votre management au quotidien. Étant entendu que vos actes par ailleurs ne rendent pas vos interventions caduques et vides de sens, mais que vous vous appliquez à être un manager-leader attentif, respectueux de la personne humaine, fiable, alors vos interlocuteurs seront prêts à interagir avec vous dans le cadre de votre mission et de vos objectifs dès qu'ils se sentiront portés par vos paroles et votre désir.

Quand on parle de travail en profondeur, cela implique de vous interroger intimement et de ne pas vous contenter de trucs et astuces ou de techniques oratoires. L'action de l'autre ne dépend pas de techniques oratoires. C'est un leurre qui transforme les gens en pantins plus ou moins articulés ou en bêtes de scène. Non que la technique ne soit pas nécessaire, mais elle ne sert à rien si on n'a pas parcouru le chemin de l'intention, des objectifs par rapport aux actions attendues et si on n'a pas suivi le guide des trois premières lettres d'AIDA (attirer l'Attention, susciter l'Intérêt, éveiller le Désir). C'est seulement après ce labeur (car c'est un dur labeur et même un labourage profond !) et toutes les prises de conscience qu'il implique, que la technique sert à peaufiner, à être de plus en plus maître de son impact.

> **L'autre ne répond que parce qu'il a été sollicité. Il veut sentir que ça vaut le coup ! Il a aussi besoin d'un lien qui se crée avec vous quand vous parlez. C'est ce lien que vous mettez en place quand vous donnez de vous-même et que vous êtes attentif à créer la relation avec l'auditoire.**
>
> **Il va bouger, non pour vous faire plaisir (ou c'est exceptionnel !), mais parce que quelque chose a répondu à ses attentes. Quelque chose que vous avez apporté : vos arguments, les justifications, les raisonnements, mais surtout vous dans la relation, vous en tant qu'être cohérent et lisible par lui, vous en tant que « force tranquille », vous dans votre envie de communiquer avec lui.**

Bien sûr, vous allez devoir gérer tout ce que vous apportez en fonction du contexte, de l'environnement, de votre position, de celle de vos interlocuteurs, et AIDA sera votre guide pour que les trois étapes essentielles à la dernière attendue, l'action, soient toujours respectées.

PARLER ET IMPACTER AVEC AIDA

AIDA est un guide pertinent, car il prêche la cohérence. Ce n'est pas qu'affaire de discours mais d'harmonie entre objectif, fond, forme et stratégie. Vous devez vous préparer comme un sportif, physiquement et mentalement, et travailler votre stratégie tel le capitaine d'une équipe avant un match. Si vous pratiquez le golf, la comparaison est encore plus parlante car c'est un sport qui fait appel de manière très complète à votre maîtrise physique et mentale, à votre sens de l'observation et à votre réflexion stratégique. Comme au golf, rien ne peut être laissé au hasard, et la balle ira où vous aurez décidé qu'elle aille si vous avez pris le temps de considérer tous les paramètres extérieurs et intérieurs.

> **L'harmonie et la congruence sont essentielles : elles créent l'authenticité. L'harmonie vous rend souple, à l'écoute de l'autre, tout entier dans la relation. Non seulement vous donnez l'impression d'être à l'aise, mais vous l'êtes !**

Vouloir être à l'aise consiste fondamentalement à chercher à se faire plaisir et repose sur ce qu'on appelle l'estime de soi. Nul doute qu'on s'attribue des valeurs positives quand on cultive l'harmonie objectif/fond/forme/stratégie et que cela se voit. Quand on dit que cela se cultive, on sous-entend qu'il faut du temps, de l'entraînement, l'acquisition de réflexes. Il faut apprendre à jouer du piano avant d'être un excellent pianiste. Il faut beaucoup répéter pour émouvoir le public et lui faire vivre la musique.

L'impact de la parole demande la même exigence avant que ne vienne le temps où vous jouerez sans partition, à la volée, aussi simplement que si vous aviez répété des heures et des heures (et de fait, vous allez répéter des heures et des heures !). Cet apprentissage demande de l'humilité et des remises en cause personnelles : la prise de parole relève du domaine de l'intime et la décortiquer revient à se déshabiller pour mieux se rhabiller ensuite. Si vous choisissez de vous faire accompagner, sachez que le formateur a une très grande responsabilité. On a tôt fait de dire « fais ceci, fais cela » et de montrer ce qu'il faut faire. La voie de l'identification de l'intention, de la réconciliation avec son corps, de l'élaboration d'une stratégie, de l'intégration d'AIDA peut être un chemin difficile, mais c'est un chemin personnel – même si vous vous faites aider. C'est comme pour escalader un haut sommet : le guide de montagne vous montre la voie mais c'est vous qui grimpez !

Être à l'aise, c'est être en accord avec soi-même, avoir pris conscience du chemin afin de le retrouver tout seul, dès qu'on en a besoin, en toute occasion.

Et avant de se séparer…

Post-it sur la posture

« C'est une belle harmonie quand le faire et le dire vont ensemble. »
Montaigne

Et vous, avez-vous envie d'être un manager-leader ?

Vous rappelez-vous d'Alain, trente-six ans, directeur juridique dans un grand groupe de conseil, qui dit dans son témoignage qu'il a souhaité travailler sur sa posture, et notamment sur son impact ?

Nous avons alors défini la posture comme étant une construction et un maintien actif de celle-ci afin d'affronter des stimulations et de se préparer à y réagir. Vouloir travailler sa posture signifie que s'ouvre devant nous un chemin dynamique de quelque chose à construire et à maintenir activement. L'impact fait partie de cette fameuse posture qu'Alain souhaite travailler. On peut même dire qu'aujourd'hui le manager-leader ne peut pas faire l'impasse de son impact dans le cadre de sa posture pour donner envie aux gens qui travaillent autour de lui, avec lui, sous ses ordres et au-dessus de lui, de se mettre en mouvement.

On peut alors se demander quels sont les autres ingrédients de la posture. On pourrait s'amuser à additionner les caractéristiques du « bon manager » et celles du leader. On en retiendra quelques-unes car elles ne sont pas indépendantes de l'impact ; elles sont même impératives pour gagner en impact.

L'EXEMPLARITÉ

Dans un monde où tout se sait ou finit par se savoir, où la parole est enregistrée ou retranscrite, la capacité d'impacter les collaborateurs de l'entreprise est mise à l'épreuve d'un quotidien bourré de contradictions. Ainsi, l'exemplarité n'est pas de faire tout ce qu'on voudrait que l'autre fasse, contrairement à l'idée répandue, car cela reviendrait à prendre sa place et à limiter son autonomie. Nous avons eu l'occasion d'évoquer la question du « faire faire » comme étant une piste éclairante de la mission du manager-leader : il n'est pas là pour suppléer ou faire à la place de.

L'exemplarité se situe dans une démarche tournée vers l'intérêt collectif et qui applique des règles de valeur reconnues par tous. Pour illustrer ce propos, une des règles de valeur reconnues par tous est le respect. Il s'applique à la personne humaine et aux règles de l'entreprise qui s'imposent à tous. Le manager-leader ne peut pas faire l'impasse de respecter les règles de l'entreprise s'il demande à ses collaborateurs d'en être respectueux. Il respecte aussi, lui-même, les règles qu'il fixe aux autres. Cela va sans dire, mais c'est mieux en le disant...

Le manager-leader exemplaire ne subit pas son propre management, il y réfléchit par rapport au système dans lequel il est intégré, aux valeurs de l'organisation et à ses propres valeurs. Stratège de ses choix comportementaux, il est capable de les expliquer clairement et de leur donner du sens.

Sa réflexion ne signifie pas qu'il donne l'impression d'être supérieur ou qu'il se sent supérieur. Elle indique qu'il cherche à progresser pour être le meilleur possible dans sa posture. Cette recherche d'excellence est en elle-même une énergie positive, puisqu'elle entraîne ceux qui l'entourent vers une démarche similaire.

ÊTRE CE QUE L'ON MONTRE

À ce niveau, l'exemplarité n'est pas et ne peut pas être une attitude de surface. Si tel est le cas, le faux pas guette, car tout ce que fait le chef revêt à un moment ou à un autre une valeur symbolique. Vous ne vous en rendez peut-être pas compte, mais tout ce que vous faites, dites ou écrivez est remarqué par votre environnement professionnel. Attirer l'attention dans le modèle AIDA induit que cela soit de la bonne manière.

Clara est responsable commerciale dans une société de nettoyage. Quand elle envoie des courriels, cela génère tout le temps un problème relationnel avec le récepteur – problème qui se traduit par une mauvaise volonté face à ses demandes. Si on regarde de plus près, Clara écrit comme elle parle : elle va droit au but et ne s'encombre pas de formules de politesse ou de cordialité. En fait, elle donne l'impression d'être quelqu'un de sec et de coupant. Malheureusement, ce qui passe à peu près à l'oral passe très mal à l'écrit. Clara a entrepris un travail de coaching l'amenant à améliorer sa communication dans son approche avec les gens et notamment à être plus souriante, plus cordiale, et à faire preuve de plus de diplomatie et d'attention par rapport à l'autre.

« Le coaching m'a fait prendre conscience que cette difficulté de relation, je l'avais aussi avec mes proches, mon mari, mes enfants, mes amis. Pourtant, j'aime beaucoup le contact avec les gens, l'échange, la discussion. Grâce à ce travail, j'ai assoupli ma façon de me présenter, et bien sûr, les résultats au bureau ont été immédiats. Mes interlocuteurs ne se sentent plus agressés d'emblée, et notamment lorsque j'envoie un courriel ou que je les croise dans les bureaux. Une discussion posée et calme est possible même si nous ne sommes pas du même avis. »

Clara a cherché à progresser sur une façon d'être qui perturbait sa mission managériale, et pas seulement à faire des efforts en apprenant des techniques de management ou de communication orale ou écrite. Elle a cherché à évoluer pour montrer ce qu'elle est vraiment.

Éveiller l'intérêt et susciter le désir impliquent également tellement de retours sur soi qu'il semble impossible que la démarche soit purement superficielle. L'harmonie recherchée entre notre mental et notre corps est plus évidente à réaliser quand on est sincère. Il s'agit d'être juste avec soi-même mais également d'être clair avec sa mission. La question de l'harmonie et de la congruence est essentielle car elle crée l'authenticité.

SOYEZ CONGRUENT

Dans le cadre de l'entreprise, on peut se retrouver en difficulté avec le fond. Il est alors nécessaire d'avoir éclairci en son for intérieur les raisons qui font que l'on va devoir être porte-parole d'un message auquel on n'adhère pas totalement.

> **On peut résumer cette idée de la façon suivante : croire au « pourquoi on le dit » peut être plus important que de croire en ce que l'on dit.**

On voit l'illustration de ce phénomène en politique : pour sauvegarder l'unité d'un parti, des individus se voient contraints de défendre des idées qui ne correspondent pas tout à fait à leur propre conviction. L'unité du groupe prend alors le pas sur l'opinion personnelle parce que l'enjeu dépasse leur personne. Dans le cadre de l'entreprise, il est important de se demander si l'enjeu vaut d'afficher ou non sa différence de point de vue, et comment se situe cet enjeu dans le cadre de sa mission. Il est aussi utile de se poser la question de l'adéquation de ces croyances et de sa propre éthique avec les valeurs défendues par l'entreprise. Comme le dit fort justement Pierre, le chef de marché dans le domaine du prêt-à-porter dont nous parlions tout à l'heure, « on peut ne pas être d'accord sur des politiques ponctuelles de l'entreprise ; l'essentiel c'est d'être en accord sur les valeurs partagées ». Oui, c'est même fondamental ! Dans le cas où il n'est pas possible à l'individu de résoudre la difficulté sur le fond par le pourquoi il va devoir avoir tel comportement ou porter tel message, il peut alors se poser la question, en son âme et conscience, de sa place dans cette organisation.

Recherchez donc activement votre propre congruence. Pour Carl Rogers[1], la congruence est une correspondance étroite entre notre

1. Carl Rogers, psychologue américain, a développé ce qu'on appelle l'Approche centrée sur la personne (ACP), sorte de référentiel de la relation entre un thérapeute et son patient. Il est l'auteur entre autres de *La relation d'aide et la psychothérapie*, ESF Éditeur, 2010, et de *Le développement de la personne*, Dunod, nouvelle présentation 2005.

propre expérience (ce que l'on vit), la conscience que l'on en a (comment je perçois cette expérience et la comprends) et ce que l'on exprime. Si vous recherchez votre propre harmonie, vous vivrez un accord entre vos croyances et les stratégies que vous mettez en place au travers de votre comportement et de vos paroles. Quand vous vous penchez sur la question de votre propre désir, vous ne pouvez qu'accentuer votre congruence – à condition que votre désir soit bien d'être là où vous êtes, « ici et maintenant ». Cette congruence forge votre posture de manager-leader et génère à coup sûr de l'impact, car elle vous rend cohérent aux yeux de vos interlocuteurs.

VOTRE COHÉRENCE FONDE LA COHÉSION DE VOS ÉQUIPES

Votre cohérence rassure les gens qui vous entourent. Elle vous permet d'être mieux compris et de vous révéler un guide fiable. Ne pensez pas que vous êtes crédible *a priori*. C'est même l'inverse : l'évolution du monde économique a enlevé toute crédibilité à ses managers. Il va donc falloir batailler pour la retrouver. La congruence vous permet de vous aligner avec ce que vous pensez, ce que vous ressentez, ce que vous dites et ce que vous faites. Notamment, si votre mental est en accord avec vos actions, cela se voit corporellement et dans vos façons d'agir. C'est cet alignement qui vous rend crédible. Si chacune des personnes qui vous entourent se sent rassurée et vous fait confiance, alors l'équipe y gagne en cohésion.

La confiance ne résout pas tout mais elle donne une fondation, un terreau plus fertile à votre impact. Nous parlons ici aussi bien de la confiance que l'on vous porte que de celle que vous vous accordez à vous-même. Avoir confiance en vous est l'aboutissement du processus de réflexion sur votre mission et votre désir.

De même, la conscience de ce que vous faites dans votre quotidien professionnel, y compris quand vous parlez, vous permet d'être maître et responsable de vos actes et de vos paroles, ce qui accroît la confiance des autres et votre propre confiance en vous.

Dans l'entreprise, le manager-leader représente, à chaque instant de sa journée, le contrat explicite et implicite qu'il a passé avec l'entreprise. Cette posture est compréhensible et claire pour l'individu travaillant, qu'il soit sur la même ligne hiérarchique, au-dessus ou sous ses ordres. Le manager-leader n'a donc pas besoin de cacher ou de maquiller, de jouer de manière factice sur des émotions ou sur de la séduction pour gagner en impact. Il doit juste assumer sa posture, ce qu'il est, ce qu'il a à défendre (ses enjeux), tout en considérant l'autre dans sa différence, son intégrité, ses enjeux et ses difficultés. Il est là, devant cet autre, parce qu'il l'a accepté.

ASSUMER SA POSTURE DE MANAGER-LEADER

Gagner en impact n'est donc pas un luxe réservé aux grands leaders de ce monde : c'est un impératif dans les fonctions managériales d'aujourd'hui, où la compétence métier ne crée plus ni légitimité ni autorité.

« Agir en primitif et prévoir en stratège », écrivait René Char dans les *Feuillets d'Hypnos*. Faut-il que ce soit un poète engagé dans l'action résistante qui nous rappelle le bien-fondé de la pensée précédant l'action ? Ce n'est sûrement pas pour rien qu'Antoine Riboud, ce grand entrepreneur qui a su transformer une petite entreprise familiale en multinationale, avait choisi cette phrase en épigraphe de son autobiographie *Le dernier de la classe*. Isabelle Ville écrit à propos de la même phrase de René Char : « En opposant les caractères instinctif de l'action et réfléchi de la prévision, le poète insiste sur la dimension immédiate et presque brutale de toute opération désignée par ce verbe ou par le nom qui lui correspond. "Agir" est le mode de l'action pure »[1].

1. Isabelle Ville, *René Char : une poétique de résistance*, édition PUPS, 2006, p. 337.

Tout le travail que nous venons de déterminer pour gagner en impact vous permet de prévoir. Il s'agit bien de vous rendre prédictible afin de rendre l'autre, celui que vous voulez impacter, prédictible aussi dans ses actes. Tout le travail de réflexion, d'autoanalyse et de prise de conscience de votre mission, de votre intention et de votre désir doit vous permettre d'être ensuite dans l'action pure. Vous pourrez ainsi retrouver la naturalité qui est en vous, celle du bébé qui, dans cette harmonie qui le caractérise, sait se faire comprendre et obtenir de ses proches ce qu'il souhaite.

Assumer sa posture de manager-leader, c'est accepter que le chemin que nous avons décrit soit à emprunter en permanence. Le monde bouge, les repères changent : nous allons donc devoir refaire le chemin des dizaines, voire des centaines de fois dans notre vie, nous reposer les mêmes questions, nous remettre en question autant de fois que nécessaire. Non, vous ne devenez jamais un manager-leader abouti : cela n'existe pas ! Non, vous ne serez jamais charismatique une fois pour toutes, et vous ne pourrez pas impacter tout le temps, dans toutes les situations, tout le monde et n'importe qui ! Oui, vous pouvez gagner en impact et devenir quelqu'un qui fait faire à quelqu'un parce qu'il en a envie… si vous, vous en avez envie et que vous êtes prêt à en faire une démarche personnelle.

ET À PRÉSENT, QUEL EST VOTRE DÉSIR ?

« Nos désirs sont les pressentiments des possibilités qui sont en nous », écrivait le grand Johann Wolfang von Goethe. Si nos désirs prédisent tous nos possibles, il est difficile de faire l'impasse sur ce qu'ils nous racontent et sur leur fonction, en tant que « moteur » dans nos actions et celles des autres.

Gagner en impact réclame que « chacun soit total en soi », expression que j'emprunte à Goethe – encore lui – le temps de souligner que la recherche de sa propre intériorité est préalable à l'influence qu'on peut avoir sur une autre personne. Alors seulement peut commencer la route qui nous mène vers l'autre et son désir. Cette démarche n'est possible qu'en se posant, seul ou face à un accompagnateur, ces trois questions fondamentales :

- Quel est mon désir ?
- Quelle est ma mission ?
- Quelle est mon intention profonde ?

AIDA est, ensuite, un guide puissant, qui vous aide à vous maintenir sur le chemin de l'impact.

Plus que jamais, faisons nôtre cette pensée d'Aristote : « Les choses qu'il faut avoir apprises pour les faire, c'est en les faisant que nous les apprenons »[1], et lancez-vous le défi de gagner en impact en commençant dès aujourd'hui.

1. *Éthique à Nicomaque.*

Fiches pratiques

Devenez stratège de votre impact

On a tout le temps d'y penser *avant*. Quand l'autre est là, il réclame toute votre attention.

Fiche 1

■ À L'USAGE DU DIRIGEANT ET DU COMITÉ STRATÉGIQUE

OBJECTIFS :

- clarifier la mission du manager-leader ;
- définir ce que signifie « manager une équipe » dans cette organisation.

QUESTIONS À SE POSER :

- Quelles sont les valeurs de l'organisation ?
- Quel type de management paraît le plus conforme à ces valeurs ?
- Quel est le management le plus efficace dans l'univers d'intervention de l'organisation ?
- Quel est le plus apte à conduire l'entreprise vers ses objectifs ?
- Qu'est-ce que l'organisation attend du manager-leader en termes de comportement pour générer l'implication des équipes ?

Fiche 2

■ À L'USAGE DE « L'ASPIRANT » MANAGER-LEADER

OBJECTIFS :

Comprendre les ressorts de l'engagement.
Être clair sur mon rôle et ma responsabilité.

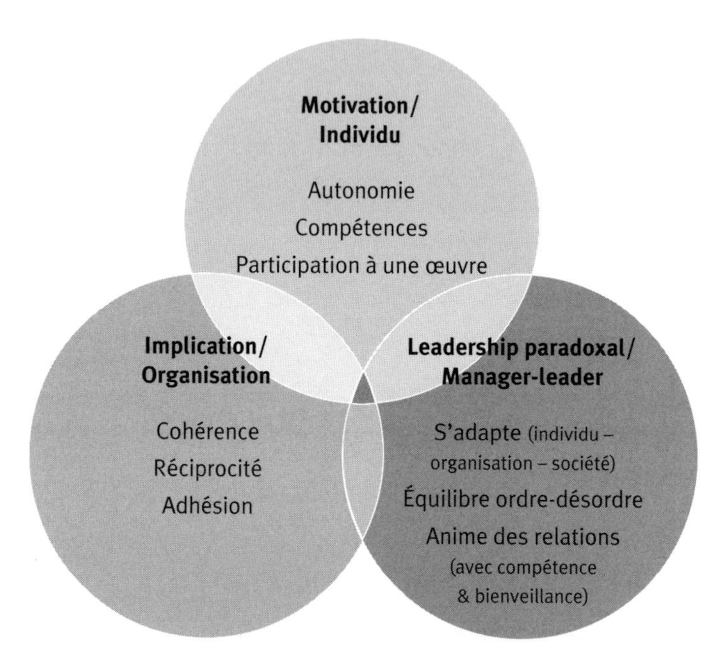

Le triptyque de l'engagement

Fiche 3

À L'USAGE DE « L'ASPIRANT » MANAGER-LEADER

OBJECTIF :

Clarifier son intention.

QUESTIONS À SE POSER :

- Ai-je envie d'être un manager-leader ?
- Si j'ai envie d'être un manager-leader, qu'est-ce que cela implique dans mon comportement ? Dans la relation que j'ai avec mes collaborateurs ? Avec mes pairs ? Avec ma hiérarchie ?
- Qu'attendent de moi tous ces autres ?
- Qu'attendent-ils de leur travail ? Et moi, qu'est-ce que j'attends de mon travail ? Est-ce de même nature ?
- Avons-nous en commun le besoin d'être reconnus, remerciés ?
- Avons-nous le même désir de participer à quelque chose de commun ? Comment cela influence-t-il notre quotidien ?

Fiche 4

■ À L'USAGE DE « L'ASPIRANT » MANAGER-LEADER

OBJECTIF :

Préparer le terrain pour AIDA.

INTERROGER SON IMAGE, SON COMPORTEMENT, SA COMMUNICATION :

- Mon image : d'où vient-elle ?
- Mon comportement : comment développer une autre image ?
- Ma communication : comment faire comprendre à mes collaborateurs que je veux les mener vers la réussite ?

QUESTIONNER SON MANAGEMENT À L'AIDE DES QUATRE PHASES SUIVANTES :

1. Quel type de management ai-je adopté de façon naturelle ou non ? Avec quels résultats sur les équipes ?
2. Quel type de management a connu cette équipe avant moi ? Et avec quels résultats ?
3. Quel type de management amènerait cette équipe non seulement à atteindre ses objectifs, mais aussi à réussir dans la durée ?
4. Comment puis-je adapter mon style de management aux besoins de cette équipe particulière, dans ce contexte, et pour réussir dans la durée ? Est-ce pour moi un compromis, un sacrifice, complètement contre nature au point d'être en désaccord avec moi-même ?

Fiche 5

À L'USAGE DE « L'ASPIRANT » MANAGER-LEADER

OBJECTIF :

Impacter avec AIDA.

QUELQUES EXEMPLES DE QUESTIONS

Pour attirer l'Attention :

- Les réunions d'équipes sont-elles suffisamment nombreuses ?
- Comment sont-elles planifiées et animées ?
- Sont-elles constructives et utiles ?
- Comment m'adresser à mes collaborateurs de manière à ce qu'ils se sentent considérés ?
- Comment jugent-ils nos échanges ? Se sentent-ils impliqués ?

Pour susciter l'Intérêt :

- Chaque membre de l'équipe peut-il s'exprimer dans ce qu'il sait faire ?
- Ont-ils l'impression de pouvoir progresser ?
- Sont-ils reconnus pour ce qu'ils apportent dans l'élaboration de la solution ?
- Comment susciter l'innovation dans la réflexion autour des nouveaux projets ?
- Ont-ils le sentiment de participer à une réponse collective et d'y avoir une place importante ?

Pour éveiller son propre Désir, puis celui de l'autre :

- Pourquoi ai-je accepté ce poste ?
- Quelle est ma mission ?
- Qu'est-ce que réussir ma mission ?
- Qu'est-ce que l'organisation attend de moi et qui n'est pas clairement écrit dans mon contrat de travail (la mission implicite) ?

- Quels sont mes objectifs personnels ?
- Quelles sont mes valeurs et que représentent-elles à mes yeux ?
- Comment vais-je pouvoir les exprimer dans le cadre de cette mission ?
- Quelle est la bonne posture dans cette mission ?
- Puis-je m'adapter à cette posture ?
- Quel style de management conviendrait aux équipes ?
- Puis-je modifier mon comportement facilement pour l'appliquer en y prenant moi-même plaisir ou est-ce un tel effort que cela en est douloureux ?
- Comment vais-je pouvoir communiquer et traduire mon désir ?
- De quel type de reconnaissance ai-je besoin ? Et l'autre, de quel type de reconnaissance a-t-il besoin ?
- Le désir se rapporte-t-il à mes préférences personnelles ou à la réussite de ma mission ?

Et, pendant qu'on y est, on fait le tour de son ego :

- Quelles sont les préférences personnelles que je suis prêt à travailler ?
- Quelles sont mes résistances ?
- Quelles résistances devrais-je accepter de laisser tomber parce qu'elles sont le fruit de mon ego mal placé ?

Fiche 6

À L'USAGE DE « L'ASPIRANT » MANAGER-LEADER

OBJECTIF :

Impacter avec éthique.

LORSQUE J'AMÈNE L'AUTRE À FAIRE QUELQUE CHOSE :

- Ai-je validé que l'acte visé est en accord avec ma propre éthique ?
- Est-ce que je considère que c'est juste ?
- Est-ce que ce que je demande sert mes seuls intérêts ou est-ce au profit d'intérêts collectifs ?
- Est-ce en cohérence avec ma mission, c'est-à-dire la somme du contrat explicite et du contrat implicite ?
- Et surtout, suis-je en accord au fond de moi avec ce que nous faisons dans cette organisation ?

Fiche 7 : À l'usage de « l'aspirant » manager-leader

LES BONNES QUESTIONS À SE POSER DÈS QU'ON S'APPRÊTE À OUVRIR LA BOUCHE

OBJECTIF :

Impacter avec la parole.

DEVENIR STRATÈGE DE SA PAROLE CONSISTE À SE POSER TROIS QUESTIONS :

Quelle est mon intention profonde ?	*Quel est l'objectif réel ?*	*Quel est mon objectif personnel ?*
Faire bouger l'autre : que doit-il faire ?	Quantifiable et mesurable (lié à la mission et pour l'entreprise)	Comment je me situe par rapport à ma mission, mes ambitions, mes idéaux ?

DÉFINIR SON OBJECTIF :

- Qu'est-ce que j'attends comme changements ou comme actes de la part de mon interlocuteur ? Qu'est-ce que je voudrais que les gens fassent à la sortie des échanges ?
- Suis-je clair, moi d'abord, quand je parle, avec ce que j'attends de l'autre ? Est-ce bien mon intention profonde d'attendre de sa part une action ?
- Quel est l'objectif réel pour l'entreprise ?
- Comment est-ce que je me situe par rapport à ma mission ?

PARLER ET IMPACTER AVEC AIDA

Attirer l'Attention :

- choisir la posture en adéquation avec ses objectifs (travail à la fois mental et physique) ;
- à force de préparation, habituer son mental et son corps à être en harmonie pour créer la présence ;

– se projeter mentalement vers l'autre : quel est mon rapport avec lui ? Comment aller vers lui ?
– définir les 10 % essentiels : si l'autre ne doit retenir que 10 % de mon message, de quoi s'agit-il précisément ?

Susciter l'Intérêt :

– se préoccuper de ce qui intéresse nos interlocuteurs afin d'adapter notre discours à leurs problématiques ;
– les aider à reconsidérer leur point de vue grâce à un argumentaire basé sur des faits et grâce aux bonnes raisons qui peuvent générer leur adhésion ;
– garder à l'esprit que les êtres humains ne changent pas d'avis facilement et qu'ils ont besoin d'étapes ;
– intégrer les dissonances cognitives et élaborer des processus de rationalisation ;
– les mots ont un sens : les définir, se les approprier, les rendre vivants, les choisir simples et compréhensibles par tous ;
– retrouver l'harmonie verbal/non-verbal qui rend vivant et crédible ce que nous disons ;
– rester l'animateur, un donneur d'âme, ne pas s'encombrer des présentations ni des notes.

Éveiller le Désir :

– Qu'est-ce que je fais là ?
– Où est mon désir ?
– Qu'est-ce que je vais donner aux autres ?
– Sans désir de notre part, pas de désir de l'autre.
– Notre désir de parler nous pousse à donner le meilleur de nous-mêmes.
– Le don de soi se fait dans la relation à l'autre.
– Le désir est une énergie qui se transmet.
– Ne boudons pas notre plaisir : cela se transmet aussi !
– Les collaborateurs attendent cette impulsion pour bouger : cela fait partie de leur besoin d'être motivés.

Fiche gagnante : À l'usage du futur manager-leader

■ PENSE-BÊTE : LE MODÈLE AIDA APPLIQUÉ À L'IMPACT

OBJECTIF :

Vivre avec AIDA.

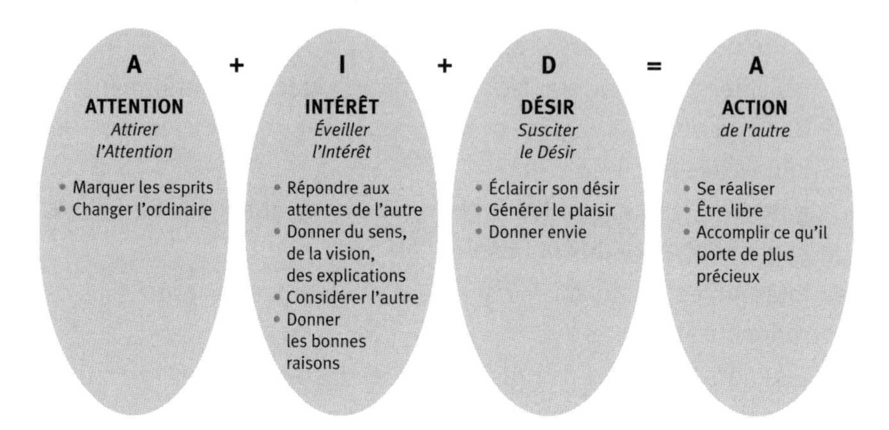

Lexique

Écrire un livre, c'est aussi inventer une langue... Voilà pourquoi j'ai cru bon de vous confier quelques-unes de mes définitions relatives à l'impact.

AIDA

A pour « attirer l'Attention » : faire ou dire quelque chose qui n'est pas ordinaire, quelque chose d'« extra-ordinaire », juste assez différente pour marquer. Éviter tout ce qui est radical ou bouleversant.

I pour « éveiller l'Intérêt » : commence par l'intérêt que vous manifestez à ce qui intéresse les personnes dans le cadre de leur travail et se poursuit par ce que vous allez engager pour y répondre. Cela consiste à rendre conciliables des intérêts personnels avec un intérêt collectif.

D pour « susciter le Désir » : un moteur, producteur de ce qu'il a anticipé. Le désir donne des « en-vies », et nous permet de nous sentir vivants par rapport à l'action. Le désir trouve un accomplissement dans le plaisir. La conscience de son désir permet d'être dans sa mission et dans la relation que nous construisons avec autrui. Dans ce cas, nous sommes présents, « ici et maintenant ».

A pour « Action de l'autre » : expression d'une intention d'agir, guidée par des motivations. Les motivations orientent l'action. L'être humain peut toujours prendre conscience de ses motivations, les énoncer, et s'en servir pour se réaliser. Se réaliser, c'est accomplir ce que nous portons de plus précieux au fond de nous-mêmes.

Charisme

Capacité à influencer ses pairs, ses supérieurs et ses subordonnés sans que cela soit perçu comme autoritaire ou trop bousculant. Petit plus qui fait agir.

Congruence

Correspondance étroite entre notre propre expérience (ce que l'on vit), la conscience que l'on en a (comment je perçois cette expérience et la comprends) et ce que l'on exprime, selon Carl Rogers, psychologue américain. En recherchant votre propre harmonie, vous vivrez un accord entre vos croyances et les stratégies que vous mettez en place au travers de votre comportement et de vos paroles.

Contrat explicite

Mission qui correspond à la fonction, rédigée sous la forme du contrat de travail.

Contrat implicite

Concerne tout ce que votre employeur attend de vous sans vous l'exprimer clairement. Rien n'est vraiment dit, ni écrit, tout est sous-entendu.

Impact

On « touche » les hommes et il en découle leurs actions. Avoir de l'impact relève d'un choix et implique une responsabilité. Permet de faire faire à quelqu'un quelque chose que l'on veut voir fait, parce que cette personne a envie de le faire.

Intention

Ce que l'on décide d'être dans notre vie professionnelle. Clarifier son intention : déterminer ce que l'on souhaite réaliser dans le cadre de sa mission et du niveau de leadership à développer en fonction des attentes de l'organisation. C'est un point d'attache, un référent puissant, un axe.

Interaction

Constitutive du système, elle induit une action réciproque qui suppose la relation ou la mise en contact des gens entre eux. L'entreprise est constituée d'êtres humains singuliers, qui, par leurs actions réciproques, développent une compétence collective pour aboutir à un résultat achetable.

Leadership paradoxal

C'est un leadership circonscrit. Il positionne le manager-leader comme garant de l'équilibre entre l'« ordre » et le « désordre » et de l'animation des relations permettant à chacun de s'exprimer et d'interagir. Il rappelle que le leader doit s'adapter au monde qui l'entoure. Deux qualités sont essentielles : la compétence et la bienveillance.

Libre arbitre

Chacun choisit de s'adonner à sa tâche ou non, de s'engager ou non. L'action de l'autre s'explique aussi par des causes extérieures et s'insère dans une continuité qui lui est propre et qui est constituée de son passé, ses croyances, ses origines, etc.

Manager-leader

Personne dans l'entreprise, qui, en plus d'avoir une compétence liée à un métier, se gère elle-même, gère les autres et gère l'interdépendance de toutes les parties du système. Le manager-leader est relationnel, sait animer une équipe et génère de l'engagement. Il a du charisme et de l'impact.

Mission

Somme du contrat explicite et du contrat implicite. Ce que l'organisation attend de vous.

Moments relationnels

Relation entre des personnes dans le cadre du modèle AIDA. Avant de faire ce qu'on attend de lui, le collaborateur dans l'entreprise

« achète » une vision, une stratégie, une idée, et il va s'y adonner : la promouvoir, la réaliser, ou « ré-agir » (s'impliquer, travailler davantage, faire attention à ce qu'il fait, etc.).

Parole

Principal support du management. Enjeu permanent du manager-leader qui pense sa parole. Il n'existe pas de parole anodine quel que soit le contexte.

Parole impactante

Qui fait bouger l'autre dans le sens espéré par celui qui parle.

Posture

Construction et maintien actif d'une façon de « se tenir » afin d'affronter des stimulations et de se préparer à y réagir. Exemplarité, cohérence, congruence sont des ingrédients importants de la posture.

Pouvoir

Capacité d'agir pour le bien commun. Ce qui exclut toute utilisation arbitraire. La confusion, par certains leaders, du pouvoir et de la puissance génère un détournement du pouvoir à leur profit, avec pour risques la domination, le harcèlement, la discrimination. « Je peux » est un moteur positif qui responsabilise celui qui le dit.

Présence

Harmonie entre son esprit et son corps. Cette harmonie vous rend profond, entier et juste. Cette justesse donne l'amplitude, la consistance, l'épaisseur. Avoir de la présence signifie que l'on compte, qu'on nous voit et qu'on nous écoute naturellement. Nous sommes là « ici et maintenant », totalement conscient.

Racine d'un geste

Imperceptible mouvement musculaire qui se crée quand on désire exprimer quelque chose. Cet infime mouvement suffit pour que l'autre comprenne, perçoive, sente ou ressente, de la même façon qu'on « entend » un sourire au téléphone. La racine d'un geste parle de votre intention et vous met à nu, elle vous rend impactant ou vous trahit.

Système

Organisme vivant, en refonte permanente, composé d'hommes et de femmes qui changent constamment. Le système n'est pas *nous*. C'est son paradoxe : il existe sans nous mais il n'existe pas sans nous. Il est important de le comprendre pour ne pas en être victime.

Bibliographie

ALTER Norbert, *Donner et prendre, la coopération en entreprise,* La Découverte, Poche, 2009.

BARRAU Patrick et RINPOCHÉ Lama Jigmé, *Être serein et efficace au travail, Conseils d'un coach et d'un lama*, Presses de la Renaissance, 2005.

BLANCHARD Kenneth et JOHNSON Spencer, *Le Manager Minute*, Eyrolles, Éditions d'Organisation, 2006.

BRETON Philippe,

Convaincre sans manipuler, Apprendre à argumenter, La Découverte, 2008.

La Parole manipulée, La Découverte/Poche Essais, 2004.

CHEBEL Malek, *Du désir*, Payot, 2000.

CROZIER Michel et FRIEDBERG Erhard, *L'acteur et le système*, Seuil, 1977 ; rééd. Points Essais, 2000.

DE LASSUS René, *Efficace et épanoui par la PNL, La Programmation Neuro-Linguistique et ses techniques d'influence révolutionnaires*, Marabout, 1996.

GOLEMAN Daniel, *Cultivez l'intelligence relationnelle*, Robert Laffont, 2006.

HAGÈGE Claude, *L'Homme de paroles, Contribution linguistique aux sciences humaines*, Fayard, 1986 ; rééd. Folio Essais n° 49, Gallimard, 1987.

JOULE Robert-Vincent et BEAUVOIS Jean-Léon, *La soumission librement consentie : Comment amener les gens à faire librement ce qu'ils doivent faire ?*, PUF, 1999 ; rééd. PUF, 2010.

KERSHAW Ian, *Hitler, Essai sur le charisme en politique*, Gallimard, 1995 ; rééd. Folio Histoire, Gallimard, 2001.

MALAREWICZ Jacques-Antoine, *Systémique et entreprise, Relations interpersonnelles, changement, action du consultant*, Village Mondial, 2000.

MARC Edmond et PICARD Dominique, *L'école de Palo Alto, Un nouveau regard sur les relations humaines*, Retz Éditions, 2006.

MEYFRET Sandrine, *Le Couple à double carrière, une figure qui réinvente les frontières entre vie privée et vie professionnelle,* Connaissances et savoirs, 2012.

PASINI Willy et FRANCESCATO Donata, *Le Courage de changer*, Odile Jacob, 2003.

PECK Scott, *Le Chemin le moins fréquenté : Apprendre à vivre avec la vie*, Robert Laffont, 1987 ; rééd. Robert Laffont, 2004.

ROBBINS Anthony, *Pouvoir illimité, Retrouver confiance, gagner et réussir par la PNL*, Robert Laffont, 1989 ; rééd. J'ai Lu, 2008.

THÉVENET Maurice, *Le plaisir de travailler*, Éditions d'Organisation, 2004.

TISSIER Dominique, *Management situationnel, Vers l'autonomie et la responsabilisation*, Insep Consulting Éditions, 2001.

WERBER Bernard, *L'Encyclopédie du savoir relatif et absolu*, Albin Michel, 2000.

Composé par Sandrine Rénier

Achevé d'imprimer : EMD S.A.S.
N° d'éditeur : 4875 - N° d'imprimeur : 29075
Dépôt légal : mars 2014
Imprimé en France

Cet ouvrage est imprimé - pour l'intérieur - sur papier Ambergraphic 90 g des papeteries Arctic Paper, dont les usines ont obtenu la certification environnementale ISO 14001 et opèrent conformément aux normes ECF et EMAS